M-ACK 地理课程的开发和应用

戴偲聪　著

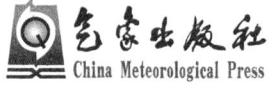

内 容 简 介

M-ACK 课程是有意义接受课程的名称,即分别是英文 Meaning,Advance organizer strategy,Cognitive construction strategy,Knowledge integration strategy 的缩写,表示本地理课程是围绕有意义这一核心主题而开发的,并根据有意义、可接受、开放性的实施原则,在教学中充分调动学生主动性开展学科探索和实践行动。本书首先从知识观、学习的含义及条件等方面阐述课程;接着从课程确定目标的方法、如何选择教学经验、教学策略实施及如何评价等方面详细介绍课程;最后,设置五个案例具体阐述本课程在实际地理教学中是如何实施的。

图书在版编目(CIP)数据

M-ACK 地理课程的开发和应用 / 戴偲聪著. -- 北京:气象出版社,2020.12

ISBN 978-7-5029-7361-2

Ⅰ. ①M… Ⅱ. ①戴… Ⅲ. ①中学地理课-教学研究-初中 Ⅳ. ①G633.552

中国版本图书馆 CIP 数据核字(2020)第 257355 号

M-ACK 地理课程的开发和应用

M-ACK DILI KECHENG DE KAIFA HE YINGYONG

戴偲聪 著

出版发行:气象出版社

地　　址:北京市海淀区中关村南大街 46 号　　邮政编码:100081

电　　话:010-68407112(总编室)　010-68408042(发行部)

网　　址:http://www.qxcbs.com　　E-mail:qxcbs@cma.gov.cn

责任编辑:蔺学东　　　　　　　　　终　　审:吴晓鹏

责任校对:张硕杰　　　　　　　　　责任技编:赵相宁

封面设计:博雅锦

印　　刷:北京中石油彩色印刷有限责任公司

开　　本:787 mm×1092 mm　1/16　　印　　张:8

字　　数:220 千字

版　　次:2020 年 12 月第 1 版　　　　印　　次:2020 年 12 月第 1 次印刷

定　　价:60.00 元

本书如存在文字不清、漏印以及缺页、倒页、脱页等,请与本社发行部联系调换。

前　言

　　新一轮的义务教育地理课程改革要求培养学生终身学习的能力，改变教师的"教"和学生的学。因此，转变地理的教学方式导致转变学生的学习方式成为这一轮义务教育课程改革的重点。在传统地理教学中，学生呈现一味地被动接受学习、学习内容以地理知识为主、不太重视地理能力培养的状况，而新课改就是要改变这种状况——倡导以学生为主、师生合作、生生合作的探究学习法。正因为如此，诸多学者和教师关注及研究自主、合作及探究的学习方式。于是在教学实践活动中出现赶"潮流"的现象——无论教学内容、类型如何，都让学生使用探究发现学习，而教师则选择少讲甚至不讲，从而导致学生上课摸不着头脑，不知道该如何发现，也不知道发现的知识是否正确，渐渐地对地理学习甚至其他学习失去兴趣。开发 M-ACK 地理课程的目的就是为了改变上述情况，帮助教师有效教学及学生有效学习。M-ACK 地理课程基于奥苏伯尔有意义接受学习理论，从确定目标、选择经验、组织实施和评价结果四个方面进行编制。M-ACK 地理课程中第一个 M 代表 meaning，即有意义的意思，表示本课程是围绕有意义这一核心主题而开发的。ACK 即英文单词 acknowledge 的前缀，既代表接受的意思，又分别代表该课程教学过程中所需要使用到的三个教学策略：A 代表 advance organizer strategy，即先行组织者策略；C 代表 cognitive construction strategy，即认知构建策略；K 代表 knowledge integration strategy，即知识整合策略。从 A 到 K，是一个层层递进、由浅至深、思维构建的过程。A、C、K 三个模块内均有若干工具化的课堂教学资源包。每一节课配有与教案同步的教学材料和工具。教学工具包括卡牌、游戏盘、展示卡（图）、规则卡、绘画手册、思考卡、专用水彩笔等。

　　本书目标确定是从课程教学中达成"课程内容"要求的主要途径、课堂教学目标的设计步骤和课程目标确定方法三个部分来阐述的。以地理课程标准为基准，通过列举实例详细讲述在实际教学中教师该如何确定教学目标。

　　本书将选择经验和组织实施合并为课程教学模式进行阐述。首先分析了适用 M-ACK 地理课程学习的初中知识内容及内容取向，接着详细介绍了 A、C、K 三个教学策略并以案例分析的方式帮助读者理解其运用方式。

　　本书设计了课程评价指标体系，从学生和教师两个角度设计学生有意义学习评价指标体系和教师有意义教学评价指标体系，期望 M-ACK 地理课程通过系统、科学的评价能够有效地开展。

　　本书以贵州省级课题"有意义接受教学模式在初中地理教学中的应用"研究成果为依托，在编写过程中得到了各部门和单位的大力支持及悉心指导。借此机会，谨向曾经帮助过我的各界人士表示衷心的感谢。与此同时，也期望各位同仁能从中获取有用的信息甚至是教益。

作者
2020 年 9 月

目　录

前言
第一章　M-ACK 课程概述 …………………………………………………………… 1
　一、M-ACK 地理课程知识观 ………………………………………………………… 2
　二、M-ACK 课程有关学习的含义 …………………………………………………… 2
　三、M-ACK 课程学习的条件 ………………………………………………………… 3
　　（一）教师稳定学生情绪策略 ……………………………………………………… 3
　　　1. 帮助学生理解自身情绪策略 …………………………………………………… 4
　　　2. "惩罚"策略 ……………………………………………………………………… 5
　　　3. 赞赏策略 ………………………………………………………………………… 7
　　（二）自我情绪稳定策略 …………………………………………………………… 9
第二章　M-ACK 地理课程目标的确定 ……………………………………………… 10
　一、M-ACK 地理课程目标达成途径 ………………………………………………… 11
　二、M-ACK 地理课堂教学目标的设计步骤 ………………………………………… 11
　　（一）解读课程标准，理解课堂教学基本要求和重点 …………………………… 11
　　　1. 气温和降水课标解读 …………………………………………………………… 11
　　　2. 河流课标解读 …………………………………………………………………… 12
　　（二）分析教材内容，细化教学目标 ……………………………………………… 12
　　　1. 以"人口"为例 …………………………………………………………………… 12
　　　2. 以"三江源地区"为例 …………………………………………………………… 13
　　（三）充分考虑学生实际情况，构建合适的梯度式教学目标 …………………… 13
　　　1. 以"自然灾害"为例 ……………………………………………………………… 14
　　　2. 以"大洲与大洋"为例 …………………………………………………………… 14
　三、M-ACK 地理课程目标确定方法 ………………………………………………… 15
第三章　M-ACK 地理课程教学模式 ………………………………………………… 16
　一、M-ACK 地理课程学习的内容取向 ……………………………………………… 16
　二、适用 M-ACK 地理课程学习的初中区域地理知识内容分析 …………………… 17
　　（一）适用先行组织者教学策略的初中地理知识内容——以七年级为例 ……… 17
　　（二）适用先行组织者教学策略的初中地理知识内容——以八年级为例 ……… 20
　　（三）适用认知构建教学策略的初中地理知识内容——以七年级为例 ………… 22
　　（四）适用认知构建教学策略的初中地理知识内容——以八年级为例 ………… 23
　三、M-ACK 地理课程教学策略 ……………………………………………………… 25
　　（一）A—先行组织者策略 …………………………………………………………… 25

1. 教师先行组织者策略 ··· 26
  2. 学生先行组织者策略 ··· 56
 (二) C—认知构建策略 ··· 59
  1. 下位构建 ·· 59
  2. 上位构建 ·· 60
  3. 并列结合构建 ··· 61
 (三) K—整合策略 ··· 62
  1. 编剧式整合法 ··· 62
  2. 格子整合法 ·· 67
四、M-ACK 地理课程评价指标体系 ·· 69
 (一) 学生有意义学习评价指标体系 ·· 70
 (二) 教师有意义教学评价指标体系 ·· 71

第四章 案例分析 ·· 75
案例一：中东(第一课时) ·· 75
案例二：极地地区 ··· 84
案例三：塔里木盆地 ··· 92
案例四：八年级下册区域地理复习——以区域对比为例 ························ 102
案例五：乡土地理社会调查案例——以白云铝工业基地发展条件及其对环境影响的
    调查研究为例 ·· 107

参考资料 ·· 120

第一章 M-ACK 课程概述

课程开发首先需要回答四个基本问题：开发该课程应该达到哪些教育目标？需要提供哪些教育经验才能实现这些教育目标？怎样才能有效地组织这些教育经验？怎样才能确定设定目标正在得到实现？这四个问题实际上揭示了课程组成的四个部分，也明确了课程编制过程的四个步骤：确定目标、选择经验、组织实施和评价结果。

M-ACK 课程是有意义接受课程的名称，即 Meaning-ACK 的缩写，其中 M 代表 meaning，即有意义的意思，表示本地理课程是围绕有意义这一核心主题而开发的。M 分为两个层面和四个维度，两个层面即学生和教师层面，四个维度包含情感、价值、基础和认知。具体来说，对学生而言，"有意义"是指课堂有趣、知识有用、有与新知识相关的经验、新旧知识能够建立非人为实质性联系。而对于教师来说，"有意义"是指理解—认同（其中包含被学生认同和自我认同）、责任使命感、教师本身具有的与新课相关的知识、教学相长中自我知识结构的重构。

ACK 即英文单词 acknowledge 的前缀，代表接受的意思，表明本课程将根据有意义、可接受、开放性的原则实施，充分调动学生开展学科探索和实践行动的主动性。同时，ACK 又分别代表该地理课程教学过程中所需要使用到的三个教学策略。

A 代表 advance organizer strategy，即先行组织者策略，学习是否有意义首先得看学习者是否有相关的学习经验，先行组织者的作用就是给学生提供相应的学习经验，为后面的学习搭建台阶，实现相应的教学目标。因此，先行组织者必须遵循以下原则：首先，要实现某既定目标就要给学生具备这种经验的机会；其次，要使学生在完成目标所隐含的相关行为时获得满足感；再次，先行组织者想要引起的反应必须是在学生力所能及的范围之内，同时学生的反应也必须在教师可控的范围内；第四，有许多特定的经验都可以来实现同样的教育目标；最后，同样的学习经验可能会产生多种结果，教师要事先做出预判。先行组织者主要起引导作用，通常其呈现形式为与新知识相关的导向性材料，是先于学习任务本身呈现的一种引导性材料且综合性高于学习任务并与学习者原有的知识相联系。它能帮助学习者进行学习的迁移，主要是因为它能为学习者提供其新旧经验之间的连接点。先行组织者策略可以用于扩展学习内容，帮助学习者找到自己知识结构当中的关联点，也可以用于比较学习，帮助学习者辨别新旧概念。先行组织者虽然名为先行，其实它的呈现顺序可根据实际情况而定，既可以在学习内容之前呈现，目的是为新的学习提供适当的类属；也可在学习内容之后呈现，目的是帮助学习者辨别新旧概念，重组其认知结构。在 M-ACK 地理课程中先行组织者策略分为学生部分和教师部分，两者相辅相成。

C 代表 cognitive construction strategy，即认知构建策略。M-ACK 地理课程强调学习者自身认知构建，接受知识的过程等同于新旧经验之间的构建过程。学习者应先在自身知识结构中找到与新知识相关联的有关知识，再找到新旧知识的异同点，通过比较使得对新旧概念之间有清晰的区别，并进行积极的思维活动，使知识不断系统化。新旧知识在构建过程会形成下位、上位和并列结合关系,据此课程相应提出三种认知构建策略:下位构建、上位构建和并列结合构建。

K 代表 knowledge integration strategy,即知识整合策略。真正掌握知识是发生在学生将所学知识纳入自己整体的知识结构之时。日常教学中课程结束时对所学内容进行总结的目的就在于此,但是在日常教学中无论是教师总结、学生总结或师生共同总结都是在简单重复课堂所学,无法真正帮助学生将所学知识纳入自己的知识体系之中。因此,教师需要对学习者进行知识整合的培训,教会学习者知识整合的方法,帮助他们构建自我的知识体系,培养他们的思维能力和创造力。整合的过程中,如果学生发现问题,我们就会要求学生自己主动想办法解决问题(查书或问师),由此也培养了学生好的学习品格。

从 A 到 K,是一个层层递进、由浅至深、思维构建的过程。A、C、K 三个模块内均有若干工具化的课堂教学资源包。每一节课配有与教案同步的教学材料和工具。教学工具包括卡牌、游戏盘、展示卡(图)、实验工具、绘画手册、思考卡、专用水彩笔等。

一、M-ACK 地理课程知识观

M-ACK 地理课程将现行知识观分为两类:第一类是"编导"式知识观;第二类是"观众"式或"演员"式知识观。"编导"式知识观真正将学生作为主体,强调学生所学知识必须是自己参与构建的知识,而不单单是教师或权威给出的既定知识。这里强调学生参与知识构建是因为每个人所学知识被内化之后肯定是不一样的,因此,强调学生每次学习都是在自己原有知识的基础上进行再次建构。而"观众"式或"演员"式知识观则认为知识是既定的,学生不需要参与构建,只须像观众一样观看或演员一样按照编剧给出的设定将戏演好。在这种知识观中,经过学生理解之后所呈现出的知识并不重要,既定知识不可改变,这就会无意中造成教师对待学生像对待机器一样。M-ACK 地理课程秉承"编导"式知识观,始终如一将学生作为学习的主体,促进其全面发展。

二、M-ACK 课程有关学习的含义

M-ACK 课程根据学生的学习方式及其产生的效果,将学习方式可分为"接受"和"发现",而学习效果可分为"机械"和"有意义",因此,学习可分为"机械—接受学习"和"机械—发现学习",以及"有意义—接受学习"和"有意义—发现学习",并区分了它们之间的关系。

首先,从学生认知方面来说,有意义学习是指语言文字或符号所代表的新知识与能够与学习者认知结构中已有的有关知识建立一种实质和非人为的联系。实质性是指虽然表述某种事物的方式不同,但其所表达的本质确是相同的。如讲述等高线的定义时,我们可以将等高线定义为"地形图上高程相等的相邻各点所连成的闭合曲线",也可以定义为"将地面上海拔高度相同的点连成线并垂直投影到一个水平面上,由此形成的闭合曲线"。两种叙述的方式有所区别,但其概念的本质特征是相同的。非人为性是特指学习者自身的内在认知联系,强调学习者构建自身知识结构的过程。如降雨的概念与学生已有的降水的概念形成特殊与一般的关系。

第一章　M-ACK 课程概述

而机械学习是指对于新旧知识不能建立实质性与非人为的联系的学习过程。所以实质性和非人为性是两种学习类型在认知方面的最大区别。在 M-ACK 地理课程中,有意义教学包含两个层面(学生和教师)及四个维度(情感、价值、基础和认知)。具体来说,对学生而言,"有意义"是指课堂有趣、知识有用、有与新知识相关的经验、新旧知识能够建立非人为实质性联系。而对于教师来说,"有意义"是理解—认同(被学生认同和自我认同)、责任使命感、教师本身具有的与新课相关的知识、教学相长过程中自我知识结构的重构。接受学习和发现学习的区别只是在于呈现方式的差别,接受学习主要强调以定论的形式将知识呈现给学生,而发现学习主要是强调学生要自己去发现知识,而不能直接呈现学习内容。接受学习和发现学习都有可能是意义学习和机械学习。

其次,M-ACK 课程学习方式中也强调"发现"意义,它和发现学习方式的主要区别在于知识是否以定论的形式呈献给学生。对于 M-ACK 课程学习来说,知识以定论形式呈现后,通过 M-ACK 学习,学习者要将新旧知识建立有意义的联系——实质性的和非人为的,而要建立这种联系就需要学习者主动地将自己的新旧知识进行比较,去发现两者之间的联系,辨别两者之间的异同点,从而能更好地理解新知识,并将新知识融合到自己的旧知识体系或重新构建新的知识体系。这个过程也强调发现的作用,只不过对于 M-ACK 课程学习者来说,所需要的框架和内容是教师已经给定的。对于学生来说,M-ACK 学习方式既能让学生获得系统知识,同时也能激发他们的求知欲、探索欲,培养他们发现探索的能力。

三、M-ACK 课程学习的条件

M-ACK 课程学习只有在满足一定条件之下才会发生。M-ACK 课程学习包含两个方面的学习条件——客观和主观条件。选取构建的材料要有逻辑性,能够帮助学生产生意义学习,这是客观学习条件。而主观条件主要强调学习者自身方面的因素,首先,学习者在学习时须有稳定的情绪,只有拥有稳定情绪的学习者才能真正投入学习,达到良好的学习效果,学习者年龄越小,情绪对学习的影响就越大;其次,学习必须是在学习者有心并主动想学的基础上才会有意义,这两个主观条件非常重要,如果学习者没有稳定情绪或没有人的主动参与,任何的教学模式、学习方法都是无效的;再次,学习者需要有参与学习的知识基础——与学习内容相关的经验。

稳定的情绪不仅在人际关系中占有极为重要的地位,在日常学习中也极为重要。根据 M-ACK 课程学习的条件可知,只有拥有稳定情绪的学习者才能真正投入学习,达到良好的学习效果。在日常教学过程中,学生学习的专注度和情绪都会随着教师的教学行为而改变。因此,无论是学生还是教师都需要掌握一定的情绪稳定策略。

(一)教师稳定学生情绪策略

教师情绪稳定是从两个方面来说的,一个方面是教师自身情绪需要稳定,这是因为在日常教学中教师的情绪会深深地感染学生的情绪。因此,上课前或面对学生时教师都需要保持相对稳定的情绪,以免在和学生交往或上课过程中带给学生不好的影响。另一个方面是强调教师需要掌握稳定学生情绪策略以确保教学的有效性。

1. 帮助学生理解自身情绪策略

学生的感受和他们的行为有直接的联系,学生有好的感受自然就会有好的行为。那怎样才能让学生感觉好呢?首先是要接受他们的感受。我们在日常教学当中常常会发生这样的对话,例如:你怎么会这样想呢?你没有必要这么难过。你也太小题大做了吧!这些否定学生感受的话只会使他感到困惑和愤怒。这也是在暗示学生不要去了解自己的感受,不要相信自己的感觉。不停自我否定必然会导致情绪低落从而影响其听课质量。那怎样才能帮助学生理解自身情绪呢?学生多数为未成年人,他们对自我的认知多半来自于身边的成年人,因此要想帮助学生理解自身情绪,首要条件就是接受学生的感情需要。在接下来的例子中,我们可以看到学生的话是如何遭到教师否定的,与此同时,也可以看到我们通常认为鼓励学生的话语其实是在否定他们的情绪。

A 学生:对不起老师,我只是因为粗心才没考好的。

教师(责怪语气):你每次都这么说,你什么时候能长点脑子啊?

教师(鼓励语气):别担心,我相信你下次会做好的。

B 学生:老师我想换座位,我不喜欢×××。

教师(否定语气):你怎么会这么想呢?同学之间应该和睦相处。

教师(鼓励语气):你情商这么高,肯定会和同桌相处好的。

C 学生:老师,这节课太没意思了,这个活动好无聊啊!

教师(否定语气):怎么会没意思,你有没有好好听讲?

教师(讽刺语气):是活动没意思,还是某些同学智商有限啊!

责怪、否定、自认为的幽默和鼓励是教师常用的语言。当学生本身因为愧疚或害怕来向老师诉说时,其内心是期望自己的这种情绪被接纳,而老师的责骂只会让学生更加沮丧,严重时可能会导致其厌学。有的老师会说"我没有责怪他啊,我还鼓励他来着",殊不知这时候的鼓励不会让他情绪得到舒缓,反而会感受到一种压力,觉得如果做不到自己是不是太笨了,从而进一步否定自己。此外,大多数老师都会问学生"你怎么会这么想呢?""你感觉怎么样?"面对这类问题大多数学生都会感到不舒服,因此他们只有用沉默而非倾诉来回应老师。对于一个孩子来说,使他不安的问题是他不知道该如何解释他的感受,他最期望的是老师能够猜中他的想法并告诉他如果你有需要随时可以向我诉说。因此,当学生情绪不稳定时,只有首先接纳他的情绪才是唯一的方法。我们可以通过五种方式来向学生表达对其情绪的接纳。

(1)认真聆听

接纳学生的情绪首先要做到认真聆听,认真聆听不仅是指教师的耳朵要认真听,还包括教师聆听时的姿态。如果教师一边改作业一边听学生讲话,即使教师是真的在听学生说什么,学生内心恐怕也不会认为老师是在真的聆听。因此,教师在和学生交流时一定要做到全身心聆听,这样才会让学生相信老师会接纳自己的情绪。

(2)认同学生感受。

例如:听起来你很难过,因为粗心而丢分确实让人觉得难过。

(3)用简短的语句来接纳学生的感情。

例如:嗯,我明白了。

(4)说出他们的感受。

例如:那你一定很难过。

(5)用幽默的方式满足学生不能实现的想法。

例如:我要是哆啦A梦就好了,可以预知未来,在你出错之前悄悄提醒你。

2. "惩罚"策略

在日常教学中,教师经常会遇到学生上课走神、不遵守纪律、不认真或干脆不交作业等一系列问题。面对这些问题,多数教师会采取惩罚的方式来处理。有些教师甚至会在处理问题的过程中使用过激的语言或动作,导致师生冲突时有发生。部分教师在发生冲突之后甚至会产生消极心理:"我是为他好,他不懂事反而责怪我,我以后再也不管他了,免得惹祸上身,管他爱学不学。"那到底该不该对学生使用惩罚呢?很多人认为惩罚在处理学生有害行为时常常见效最快,但是实验证明惩罚其实不能阻止不良行为,它反而会使犯错者在犯错时变得更加小心,更加巧妙地掩饰其过错,让它不被人发现。学生遭受惩罚时,他就会知道下次要小心,这样并不能培养他们诚实和负责。任何形式的体罚更是教会学生学会以暴制暴。惩罚确实能够控制不良行为,然而,它非但不能教给学生正确的行为,甚至不能减少他们做坏事的念头。教师也可以思考一下学生的某些行为是不是一种自我保护,这种自我保护保卫的是由于教师行为而被刺伤的心灵。因此对于"惩罚"这种教育方式我们是不赞同的,我们应该改变处理问题的方式,改变"惩罚"的方式。本书提出几种代替惩罚的有效方式并以漫画形式呈现。

(1)"描述所见所感明确表示不同意的立场"策略

教师发现学生行为不当时,应该描述自己的所见所感来表示对此事的不同立场和看法,避免使用过激语言(图1.1)。

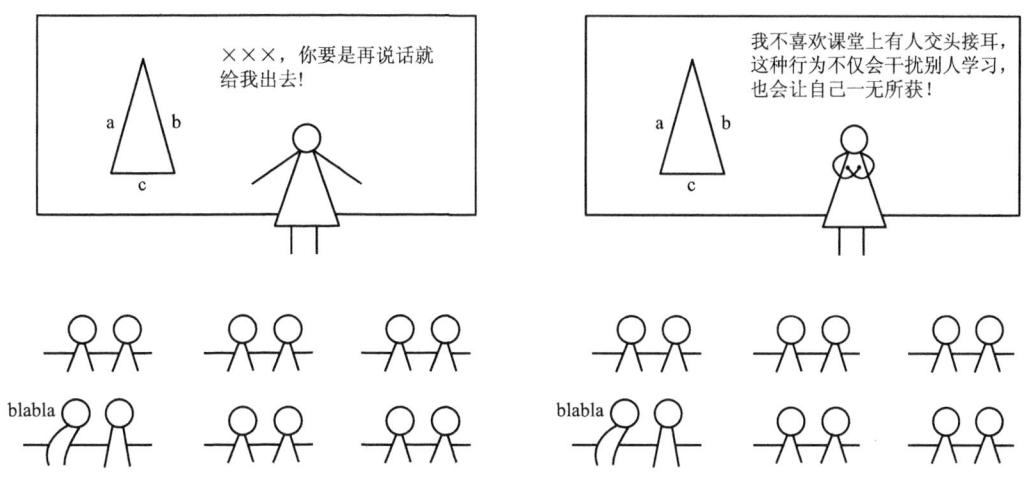

图1.1 "描述所见所感明确表示不同意的立场"策略

(2)"帮帮我"策略

当教师发现学生上课走神时,我们可以运用"请帮帮我"的方式代替质问的方式,让学生在其同伴面前保留"面子"(图1.2)。

图1.2 "帮帮我"策略

(3)"希望"策略

用期望的语句代替惩罚,让学生感受到教师对自己的期望,从而对自己高要求(图1.3)。

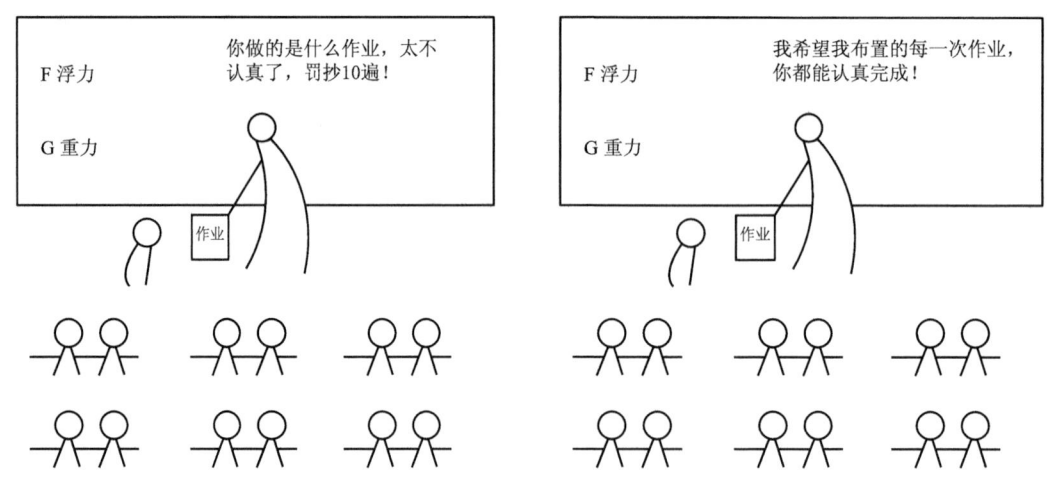

图1.3 "希望"策略

(4)"提供选择"策略

给予学生可选择的活动代替直接的斥责可以使尽快回到教师的课堂活动中,而不是陷入难过、自责等不良情绪之中,使得学习效果大打折扣(图1.4)。

(5)"幽默"策略

幽默的话语不仅能使学生快速进入学习状态,还能保留其"面子",使其情绪稳定。需要注意的是,教师在使用幽默时要注意分寸,不要让学生觉得是在讽刺他(图1.5)。

在我们使用新的方式和学生沟通时,首先需要教师对学生持正面态度,不要先入为主把学生固定在某个角色当中,其次需要我们不断地控制自己,不要回到老路上去。因为对

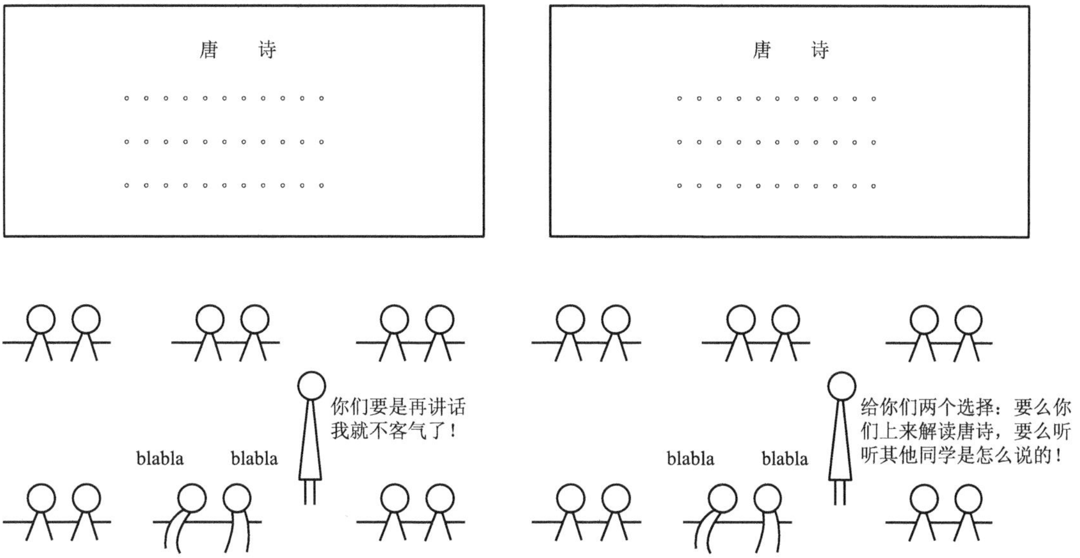

图 1.4 "提供选择"策略

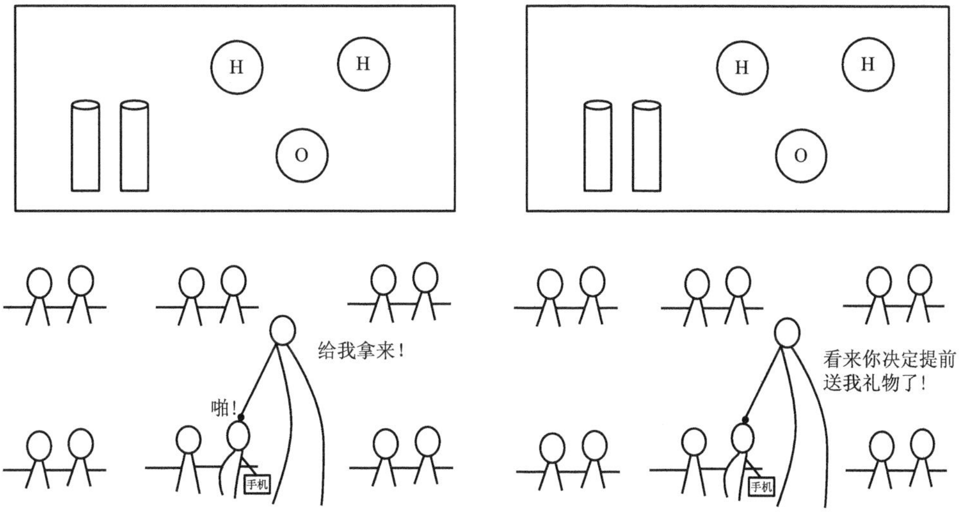

图 1.5 "幽默"策略

于我们大多数人来说,挖苦、说教、警告、谩骂、威胁的词语已经深深植入我们的脑海之中,这毕竟是我们从小就接受的语言(无论来自于家长还是老师)。改变我们熟悉的语句并不容易。除此之外,在采用新的沟通方式时也要注意给予学生足够的耐心,不能因为一两次沟通不畅之后就放弃。我们改变自己尚需要时间,更何况是孩子。只要坚持,相信孩子一定会有所改变。

3. 赞赏策略

一个人对自己的评价将直接影响他的价值观以及是否拥有积极的心态,自我评价还将会影响他的思维方式、情绪、行为甚至人生目标。而一个人的人生目标主要来自于哪呢?这很大程度上来自于他人对自己的评价。中国的学生常常会遇到两种情况,一种是父母和老师几乎从不赞扬,生怕孩子受到赞扬后得意忘形;另一种是和第一种正好完全相反,不停地赞扬,一点小事都会被说"你真是太棒了""你真聪明"等。遭遇第一种情况的孩子通常会觉得自卑、不自信,无论做什么事情自己都觉得不满意。那你可能会说第二种孩子受到这么多赞扬是不是就会非常自信,恰恰相反,由于过度赞扬,孩子会由于觉得有人在不断地评价他的行为而感到不自在,即使所有的评价是正面的,他也会觉得好像时刻被人监视着。此外"你真是太棒了""你真聪明"这类话会让孩子产生困惑:"我做了什么让大人觉得我很棒,如果接下来做不到是不是就不棒了、不聪明了?"而且总是被表扬的孩子还可能会出现另一种情况,一旦没有关注或表扬他们就会感到失落,信心减退,甚至会出现为博取关注而产生过激行为。那怎样才是行之有效的赞扬呢?本书提出3种赞扬方式。

(1)描述所要称赞的具体事件

需要注意的是在你描述你所要称赞的事情之时,不要将学生的注意力引到他人的赞许上。如当学生拿出自己的作品需要你来评价时,你可以描述这个作品的细节,但是最后总结句不要说"你这个作品我只可以给你×××分"或"比×××的做得好",这样他就会全心投入他要完成的作品之中而不会担心老师会给他何种评价,最有效的学习就会发生了(图1.6)。

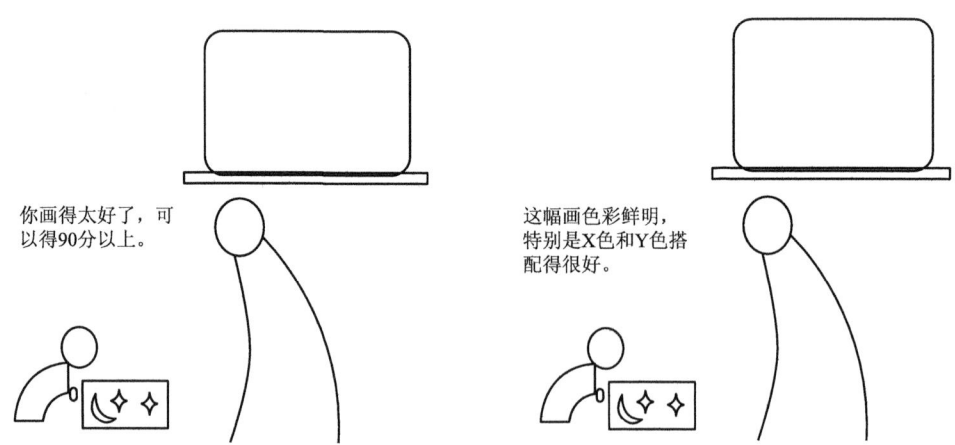

图1.6 "描述所要称赞的具体事件"策略

(2)给予机会展示自己

每个班级中都有相当一部分学生不愿意展示自己,部分学生是因为性格原因,部分学生是由于找不到机会,不知道自己可以展示什么。所以教师应该提供给他们展示的机会。教师需要通过一段时间的观察,从而发现学生能够展示的方面进而提供机会。需要注意的是,教师在刚开始需要学生展示时,应选择学生擅长的方面进行展示,等学生建立信心之后,再逐步提高难度,帮助学生挑战自己。

(3)让学生无意中听到别人对他的正面评价

从别的同学那里听到教师或同学对自己的正面评价会使学生更加相信自己真的很棒,因此教师要善于运用此策略,帮助学生建立稳定的自信心(图1.7)。

情绪稳定策略不是使用一次管终身的,所以当学生又按照原来的方式行事时,教师要及时表达自己的感觉和期望。

图 1.7 "让学生无意中听到别人对他的正面评价"策略

(二)自我情绪稳定策略

为了帮助学生在上课前摆脱自己令人不悦、极端伤人的反应,稳定情绪,调整心态迅速进入学习状态,本课程提供自我情绪稳定卡供学生使用,自我情绪稳定卡(图 1.8)是通过提供学生稳定情绪的方法,帮助学生稳定情绪。

图 1.8 自我情绪稳定卡

当学生产生自己无法调节的坏情绪时,可以拿出该自我情绪稳定卡片随机抽取一张,按照卡片上所给提示进行情绪调节,尽快恢复稳定情绪,以便上课时能够全身心地投入学习。

本章通过阐述 M-ACK 课程的意义、知识观、学习观及学习的条件,意在使读者能够进一步深刻理解本课程。

第二章　M-ACK地理课程目标的确定

课程目标是指课程本身要实现的具体目标和意图，它规定了某一教育阶段的学生通过课程学习以后，在发展品德、智力、体质等方面期望实现的程度，是确定课程内容、教学目标和教学方法的基础。从某种意义上说，所有教育目的都要以课程为中介才能实现。事实上，课程本身就可以被理解为是使学生达到教育目的的手段。所以说，课程目标是指导整个课程编制过程最为关键的准则。确定课程目标，首先要明确课程与教育目的和培养目标的衔接关系，以便确保这些要求在课程中得到体现；其次要在对学生的特点、社会的需求、学科的发展等各个方面进行深入研究的基础上，才有可能确定行之有效的课程目标。课程目标有助于澄清课程编制者的意图，使课程不仅注意到学科的逻辑体系，而且还关注教师的"教"与学生的"学"，以及课程内容与社会需求的关系。

课程目标有广义和狭义之分。广义上的课程目标将目标定位于教育与社会的关系，是一个比较大的视角，涵盖面是全层次的。它即教育意图，包含了"教育方针""教育目的""培养目标""课程教学目的"和"教学目标"，而教学目标又包含年级教学目标、单元教学目标和课时教学目标。狭义上的课程目标将目标定位于教育过程中教师与学生的关系，是一个相对狭窄而具体化视角，它的涵盖面是特定的，主要指"教育目标"。在狭义上，课程目标不包含"教育方针"，只包含"教育目的""培养目标""课程教学目的"和"教学目标"。

本书中的课程目标是狭义的课程目标，主要指课程实施目标。本书的课程目标是在2012年出版的《地理课程标准》的指导下，解读每个课程标准制定相应的核心素养目标。对《地理课程标准》进行实践研究可以得到启示——地理课程包含三个理念。第一个理念是学习对生活有用的地理。学生通过发现地理问题、理解地理背景从而提升生活品位，增强生存能力。第二个理念是学习对终身发展有用的地理。学生学会从地理的视角思考问题，关注自然和社会形成人地协调与可持续发展的观念。第三个理念是构建开放的地理课程。教师需要多途径开发课程资源，教学中要注重采用多种有意义的方式进行教学。

解读《地理课程标准》首先需要对课程标准的课程目标进行解读。课程目标的表现形式有两种，一种是认知内容，即区域认知；第二种是认知的方式和水平，即综合思维、人地协调观和地理实践力。

初中地理课程标准的课程目标共有四类。第一类是初识—知道类，例如，知道"风成说"的基本观点，说出黄土高原的黄土从何而来；了解我国是一个自然资源总量丰富，但人均不足的国家。第二类是认知类，在地理教学中，我们强调要运用地图进行认知，例如，运用世界气候类型分布图说出某区域的气候类型；运用地图简要评价某区域的地理位置。第三类是分析和比较类，例如，运用地图和其他资料，联系某国家自然条件特点，简要分析该国因地制宜发展经济的实例；根据资料，分析某区域内存在的自然灾害与环境问题，了解区域环境保护与资源开发利用的成功经验。第四类是举实例说明类，例如，用实例说明人类活动对空气质量的影响；举例说出某地区发展旅游业的优势。

一、M-ACK 地理课程目标达成途径

（1）基于课程目标要求，确定学生需要达到的基本认知内容，提供相关经验、运用地图指导学生有效学习（图2.1）。

```
运用地图说出……
在……图上识别/辨别/判读
在地图上找出
运用地图归纳/说明
运用地图和其他资料归纳/说出
绘制简单的地图
```

图 2.1 课程目标中运用"地图"的要求

（2）基于课程目标的要求，以案例教学的方式帮助学生掌握区域中所包含的基本地理原理、规律。如在八年级学习中国地理"认识区域"一课时，学生通过学习能够分析出一个地区的位置和分布、地理要素之间的联系与差异以及区域的环境与发展。从一个地区的案例学习总结出认识区域的方法，从而帮助学生进行下位构建，学会知识迁移，做到举一反三、学以致用。

二、M-ACK 地理课堂教学目标的设计步骤

（一）解读课程标准，理解课堂教学基本要求和重点

M-ACK 地理课堂教学目标有效设计的第一步是需要仔细解读课程标准，理解课堂教学基本要求和重点，本书用两个例子来详细说明。

1. 气温和降水课标解读

以气温和降水课标解读为例，课标原文为运用气温、降水量资料，绘制气温曲线和降水量柱状图，说出气温与降水随时间的变化特点。教师需要根据课标先确定学生的行为，通过学生行为确定学生要发生该行为需要教师提供哪些条件，通过教学活动判断学生的学习能达到哪种程度。通过详细解读气温和降水，得到表2.1。

表 2.1 气温、降水课标解读表

分解栏目	学生行为	需要提供的条件	程度
课标解读	运用气温、降水量资料（图或数据）	某地年内各月气温和降水量图或数据资料	能根据图表归纳该地气温全年的高低变化规律和降水量多少的季节变化规律
	绘制气温曲线和降水量柱状图	某地气温和降水量数据资料	

2. 河流课标解读

以河流课标解读为例。课标原文为在地图上找出我国主要的河流,归纳我国外流河、内流河的分布特征。教师需要根据课标先确定学生的行为,通过学生行为确定学生要发生该行为需要哪些条件,通过教学活动判断学生的学习能达到哪种程度。通过详细解读河流,得到表 2.2。

表 2.2 河流课标解读表

分解栏目	学生行为	需要提供的条件	程度
课标解读	在地图上识别表示"河流"的图例符号	带有河流的中国地图或小区域地图、河流流量图、景观图	知道内流河与外流河的差异;判读外流河的流向
	归纳描述我国外流河、内流河的分布特征		从地理方位、海陆位置等各角度描述我国外流河、内流河的分布特征
	知道外流河的主要水文特征		以水量为基础,依次了解河流的水位、流量、流速、汛期、枯水期、结冰期、含沙量等水文特征

(二)分析教材内容,细化教学目标

分析初中地理教材,我们发现每一章的章节标题以及每节内容里的小标题与每个章节区域认知相对应。而教材中的文字、图表与活动则与综合思维、人地协调和地理实践力相对应。本书用两个例子来详细说明。

1. 以"人口"为例

"人口"课标原文为:①运用有关数据说明我国人口增长趋势,理解我国的人口国策;②运用中国人口分布图描述我国人口的分布特点。通过分析教材中该章节标题、每节内容里的小标题、文字、图表与活动得出"人口"教材结构图,如图 2.2 所示。

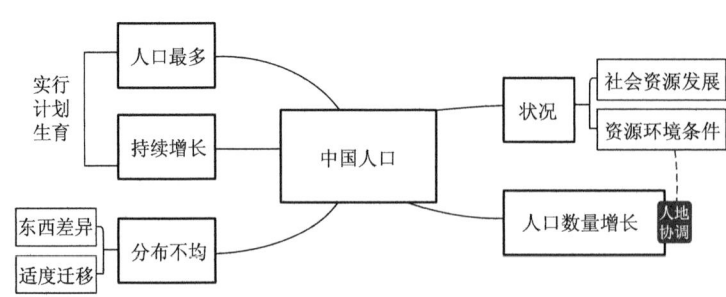

图 2.2 "人口"教材结构图

通过教材结构图可以确定本节核心素养目标,具体如表 2.3 所示。

表 2.3 "人口"核心素养目标表

核心素养目标	1. 知道我国是世界上人口最多的国家,学会读"我国人口的增长"折线图,分析我国人口数量的变化和人口增长的特点; 2. 运用"我国人口密度分布"图,比较各区域在面积和人口数量、人口密度方面的地区差异,从而分析我国人口分布特点; 3. 通过阅读相关图文资料和统计图表,运用已获得的人口密度和人口自然增长率的概念和基本原理,了解我国人口的基本国情,举实例说出我国人口国情所带来的人口问题,从而理解我国实行计划生育这一基本国策的重要性; 4. 通过阅读数字资料和图表,了解我国人口的基本国情和由此带来的人口问题,从而理解我国实行计划生育这一基本国策的重要性,并初步懂得人口增长必须与地理环境、社会经济发展水平相适应的道理。

2. 以"三江源地区"为例

"三江源地区"课标原文为:①举例说明区域内自然地理要素的相互作用和相互影响;②根据资料,分析某区域内存在的自然灾害与环境问题,了解区域环境保护与资源开发利用的成功经验。通过分析教材中该章节标题、每节内容里的小标题、文字、图表与活动得出"三江源地区"教材结构图,如图 2.3 所示。

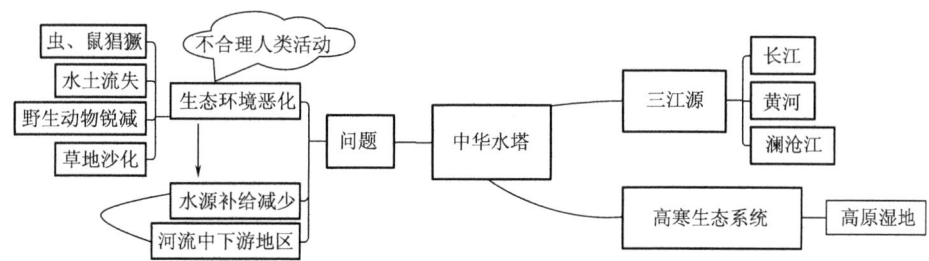

图 2.3 "三江源地区"教材结构图

通过教材结构图可以确定本节核心素养目标,具体如表 2.4 所示。

表 2.4 "三江源地区"核心素养目标表

核心素养目标	1. 知道三江源地区高海拔的地势、高寒的气候、广布的雪山冰川、星罗棋布的湖泊、沼泽之间的相互作用和相互影响,了解三江源地区是一个具有独特的高寒生态系统,孕育了长江、黄河、澜沧江的重要水源涵养地; 2. 了解三江源地区存在的突出环境问题,理解保护三江源地区生态环境的重要性,了解三江源地区保护江河源地与生态环境的成功经验; 3. 通过阅读地图和相关图文资料,采用自主学习、分组讨论、实例分析、归纳总结等形式,分析三江源作为江源之地的地理特点,了解三江源作为水源涵养地的特殊意义,理解"保护三江源地区生态环境"的重要性、必要性; 4. 通过了解三江源作为江源之地的地理特点,理解"保护三江源地区生态环境"的重要性、必要性,树立"高原湿地"的资源保护意识。

(三)充分考虑学生实际情况,构建合适的梯度式教学目标

在设计课程教学目标时必须要以学生为本,充分考虑学生的实际情况,考虑到学生知识储备和学习力的差异,构建合适的梯度式教学目标——基础性目标和发展性目标。本书用以下两个例子来说明。

1. 以"自然灾害"为例

"自然灾害"课标原文为了解我国是一个自然灾害频繁发生的国家。通过分析教材中该章节标题、每节内容里的小标题、文字、图表与活动,得出"自然灾害"教材结构图,如图2.4所示。

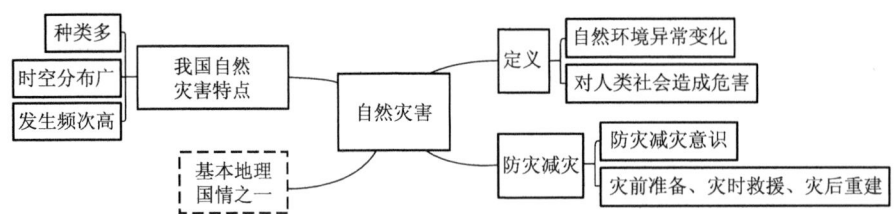

图 2.4 "自然灾害"教材结构图

通过教材结构图结合学生实际情况,可将区域认知目标分为基础性目标和发展性目标,具体如表2.5所示。

表 2.5 "自然灾害"区域认知分层目标

分层目标	区域认知
基础性目标	1. 知道自然灾害的特征及我国常见的自然灾害; 2. 了解我国自然灾害频繁发生的特点; 3. 知道我国在防灾减灾方面所做的工作。
发展性目标	初步了解常见自然灾害中个人应采取的适当的避灾方法。

2. 以"大洲与大洋"为例

"大洲与大洋"课标原文为运用世界地图说出七大洲、四大洋的分布。通过分析教材中该章节标题、每节内容里的小标题、文字、图表与活动,得出"大洲与大洋"教材结构图,如图2.5所示。

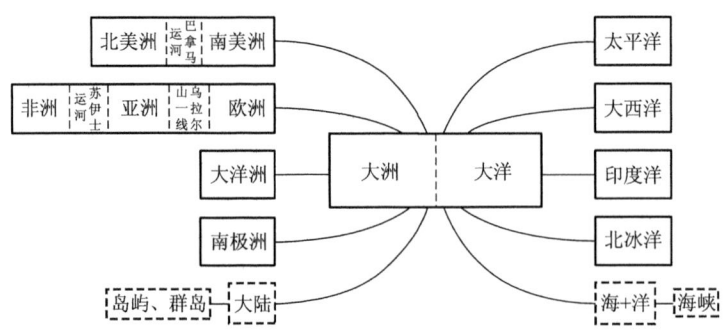

图 2.5 "大洲和大洋"教材结构图

通过教材结构图结合学生实际情况可将区域认知目标分为基础性目标和发展性目标,具体如表2.6所示。

第二章 M-ACK 地理课程目标的确定

表 2.6 "大洲和大洋"区域认知分层目标

分层目标	区域认知
基础性目标	1.运用地图辨别大洲、大陆、半岛、岛屿及海洋、海峡; 2.能在地图上以某个大洲或某个大洋为中心,说出七大洲和四大洋的名称、轮廓、分布特征,并能对照地图在空白填充图上填注七大洲和四大洋的名称。
发展性目标	能在不同比例尺的地图中根据图中的地理信息判断大洲、大洋的名称、位置。

三、M-ACK 地理课程目标确定方法

M-ACK 地理课程以教材内容要求为基准,挖掘学生所要达到的基本认知内容,围绕着教材内容的要求,提取案例区域所包含的基本地理原理、规律,进行案例教学。在教学过程中运用地图,指导学生明确学什么、该怎么学。通过实践研究,本书总结了 M-ACK 地理课程目标确定的方法,具体如表 2.7 所示。

表 2.7 M-ACK 地理课程目标确定方法表

课标原文			
课标解读			
分解栏目	学生行为	需要提供的条件	程度
课标解读			
体现的课程基本理念			
整合材料与课标			
教材呈现	对应课标		学习目标预设(分)
核心素养目标的制定			
区域认知	综合思维		人地协调观(总)

本章通过阐述 M-ACK 地理课程目标达成途径、设计步骤和确定方法详细介绍本课程目标在具体实施时是如何确定的。

第三章　M-ACK 地理课程教学模式

本章通过阐述 M-ACK 地理课程学习的内容取向、适用 M-ACK 地理课程学习的初中区域地理知识内容分析、M-ACK 地理课程教学策略和 M-ACK 地理课程评价指标体系,详细说明本课程是如何选择经验、组织实施和评价教学结果。

一、M-ACK 地理课程学习的内容取向

初中地理中某些部分的知识可以运用 M-ACK 地理教学模式来学习,如描述性知识、概念、某些规则知识等,对于学生来说,这些知识不需要他们花太多的时间去亲身实践和探索发现,因为这样反而会影响学习效率,通过 M-ACK 地理学习就可以取得比较有效的结果,因此,这部分地理知识比较适用于 M-ACK 学习方法。

在地理教学中,涉及定义或位置的地理知识就是陈述性知识。陈述性知识是其他类型知识学习的基础且在初中地理学习中所占比重较大。这类知识主要以命题网络或图示来表征,主要包括地理名称、地理术语、地理数据、地理分布、地理景观。对于这部分知识的学习主要是教师主导,使学生有意识地将新旧知识相联系,从而形成新的认知结构,获得记忆和保持新知识。例如七年级下学期学习区域地理位置、地理景观等知识就可以通过 M-ACK 地理课程教学策略达到有效的成果。

对反映对象所包含的内在本质属性的思维形式就是概念。地理概念可以使用 M-ACK 地理课程教学模式中的"C(cognitive construction)"——即认知构建的方式来学习(图 3.1)。例如,学习区域的概念时,可以先讲解区域的定义,然后列举南方地区、北方地区、西北地区、青藏地区等来例证区域的本质特征,也可以反过来先讲解四大地区的特征,最后通过总结得出区域的概念。

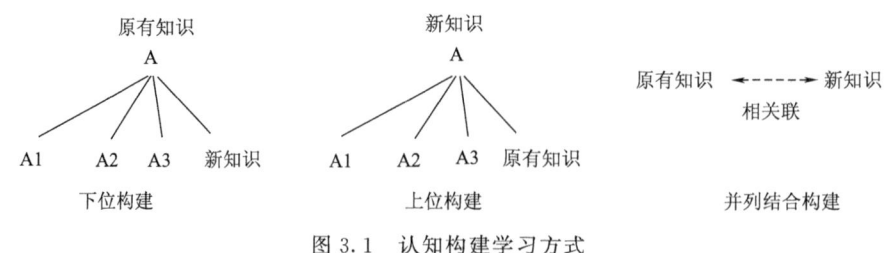

图 3.1　认知构建学习方式

地理规则指的是几个地理概念之间的关系,而这种关系是以符号或句子来表述的。对于地理这个学科来说,地理规则包含地理原理(地理事物发生变化、形成及它们之间的关系原理)和地理规律(地理事物内外在的联系)。在教师富于启发的讲解引领之下,可以让这些地理规

则、地理原理与 M-ACK 课程教学模式相结合,引导学生有方向地、自觉地去发现并用理解的方式去掌握。实际操作中,原理或规则与应用情景的先后顺序教师可根据实际情况而定,关键点在于注意引导学生构建自己的知识结构——新原理与他们原有经验进行联系,从而产生真正意义上的学习。如学习"降水"这一课时,教师先讲解迎风坡降水多、背风坡降水少这一规律,再让同学们从生活中去找寻例子来证明这一规律,从而使学生强化对这一原理的理解。可见地理规则是可以与 M-ACK 地理课程学习相结合的。

二、适用 M-ACK 地理课程学习的初中区域地理知识内容分析

M-ACK 地理课程学习中的先行组织者策略主要是要帮助学生找到其间接经验与直接经验之间的联系,为新知识或新概念的学习提供固着点并帮助辨别新旧知识或新旧概念。初中地理教学中 M-ACK 课程学习的内容取向主要为地理陈述性知识、地理概念及一些地理规则。本书主要从先行组织者策略和"认知构建"策略两个方面来分析适合初中区域地理教学的知识内容。

(一)适用先行组织者教学策略的初中地理知识内容——以七年级为例

根据学科特点,先行组织者在初中地理教学中可以有多种形式,如表 3.1 所示。

表 3.1　先行组织者呈现形式

先行组织者	特点	举例
文字材料	介绍地理规律、原理的探索过程;地理新闻、地理史等。	介绍人类探索地球的故事、亚洲地理之最等。
图像	需要学生直观感受的,包括地图、地理示意图、景观图、统计图、地理漫画等。	各个国家和地区的行政图、地形图、气候图等。
视频	难以用言语阐明的某些地理事项;生动形象易于引起学生注意,激发认知内驱力。	地球运动解说;巴西热带雨林现状、各地区的风土人情等。
歌曲	含有地理知识且和题意相适应的歌曲,从歌曲引出所学知识。	《好汉歌》中的"大河向东流"来预示我国的地势情况。
典故或诗词	典故、诗歌中很多都含有地理知识,巧妙利用学生在语文课中学习到的古诗词,可以引发意义学习的心向。	苏轼的"高处不胜寒"预示着海拔对气温的影响。

七年级的学生由于在小学阶段没有系统地学习过地理,只是通过小学科学课了解到一些地理常识,所以在七年级上学期主要是让学生了解地理,掌握自然地理的一些最基础的知识,并教会学生一定的地理学习方法。而七年级下册开始则主要学习的是区域地理,区域地理的学习必须以七年级上册所学知识为依托,七年级上册所学习的经纬网、地图、大洲大洋、天气气候和聚落的形成等知识可以为七年级区域地理的学习提供概括性、包括性、抽象性更高的学习材料,即先行组织者,这样有助于学生构建更全面的意义联系,促进新内容的习得和保持。本书对初中适用于先行组织者策略的内容进行了归纳,表 3.2、表 3.3 是对人教版七年级《地理》适用于先行组织者教学策略的知识内容的归纳。

 M-ACK地理课程的开发和应用

表 3.2　人教版七年级《地理》上册适用于先行组织者教学策略的知识内容

章节	适用于先行组织者教学策略的知识内容
地球和地球仪	1. 以"人类认识地球形状的认识过程"视频作为先行组织者; 2. 以地球仪的制作活动作为先行组织者帮助学生理解和掌握经纬线。
地球的运动	1. 用时差生活事例作为先行组织者导入新课引起学生兴趣; 2. 以实验活动作为先行组织者,通过引导学生动手做实验,观察地球运动的过程的基础上来理解地球运动的意义。
地图的阅读	1. 用地图谜语作为先行组织者引入新课,引起学生兴趣; 2. 以对比两幅地图作为先行组织者,帮助学生理解地图三要素,正确理解地图要素所表示的地理信息。
地形图的判读	1. 用电影《红河谷》作为先行组织者导入新课,引起学生兴趣; 2. 以小实验作为先行组织者,帮助学生看懂地图,正确理解地形图上所表示的地理信息。
大洲和大洋	1. 以加加林人物事例作为先行组织者导入新课,引起学生兴趣; 2. 以"地球""水球"之争作为先行组织者,在引导学生辩论、观察地图的基础上帮助学生构建自己的知识结构; 3. 以地图作为先行组织者,通过引导学生观察地图帮助学生构建自己的知识结构。
海陆的变迁	1. 用故事作为先行组织者导入新课,引起学生兴趣; 2. 以图片作为先行组织者,通过引导学生观察海陆变迁过程来深刻理解其意义; 3. 以实验活动作为先行组织者,通过引导学生观察海陆变迁过程来理解其意义。
多变的天气	1. 以历史故事作为先行组织者导入新课,引起学生的学习兴趣; 2. 设计对话作为先行组织者引导学生综合对比分析; 3. 将现实生活作为先行组织者引导学生深刻理解天气和气候的区别与联系。
气温的变化与分布	1. 以生活对话这一情境作为先行组织者导入新课,贴近生活,引起学生兴趣; 2. 联系生活实例作为先行组织者,加深对气温影响的了解;增强学生对气象科学的兴趣,感受当代科学技术对气象观测的影响。
降水的变化与分布	1. 利用生活实际作为先行组织者进行情境导入,有利于充分调动学生学习的积极性; 2. 利用视频资料作为先行组织者,为学生理解影响降水的因素搭建桥梁。
世界的气候	通过景观图片、视频、对话作为先行组织者,引起学生兴趣。
人口与人种	1. 以图、图表作为先行组织者教学学生学会读图:读图名→读图例→分析数据和曲线变化→归纳总结; 2. 以实例和辩论作为先行组织者,引导学生针对不同国家人口特点制定不同的人口政策,推出解决人口问题的措施。
世界的语言和宗教	1. 使用问题作为先行组织者导入新课,有利于学生迅速进入新课学习; 2. 使用视频使学生了解不同宗教的文化习俗。
人类的聚居地——聚落	1. 使用语言、图片作为先行组织者导入新课,有利于学生迅速进入新课学习; 2. 使用图片、文字材料作为先行组织者使学生深刻了解聚落保护问题。

表 3.3 人教版七年级《地理》下册适用于先行组织者教学策略的知识内容

章节	适用于先行组织者教学策略的知识内容
亚洲位置和范围	1. 以学生七年级上册(以下简称七上)掌握的经纬网、半球划分、海陆分布可以作为先行组织者,帮助学生通过学习亚洲地图得出亚洲的地理位置; 2. 亚洲地理位置可作为先行组织者,帮助学生学习活动中的北美洲地理位置; 3. 以活动中的图片为先行组织者,帮助学生了解亚洲居民生活状况,并分析地理环境与居民生活之间的关系。
亚洲自然环境	1. 以学生七上学习的等高线的判读为先行组织者,通过分析亚洲地形图帮助学生掌握亚洲地形; 2. 以七上学习的气候类型、影响气候因素和景观图片为先行组织者,帮助学生掌握亚洲的气候及景观。
日本	1. 以学生七上学习的板块构造作为先行组织者,帮助学生掌握日本火山地震多发的原因; 2. 以课外视频"日本经济发展简史"片断作为先行组织者,帮助学生了解日本经济发展状况; 3. 以教材中的图片为先行组织者,帮助学生了解日本东西兼备的文化特点。
东南亚	1. 以学生七上掌握的经纬网、半球划分、海陆分布可以作为先行组织者,帮助学生通过学习东南亚地图得出东南亚的地理位置; 2. 以学生七上学习的气候知识为先行组织者,帮助学生掌握东南亚的气候并分析其与农业的关系; 3. 以教材活动中的图片作为先行组织者,帮助学生了解东南亚旅游。
印度	1. 以印度歌舞视频作为先行组织者导入新课; 2. 以学生七上学习的气候知识为先行组织者,帮助学生掌握印度的气候并分析其与农业的关系。
俄罗斯	1. 以俄罗斯套娃为先行组织者,导入新课,引起学生的兴趣; 2. 以俄罗斯自然资源分布图为先行组织者,帮助学生掌握俄罗斯自然环境与经济发展的关系。
中东	1. 以中东产油和需油图为先行组织者,帮助学生理解为什么中东要出口石油; 2. 以中东战争视频为先行组织者,帮助学生直观感受中东战争不断。
欧洲西部	1. 以学生七上学习的气候知识为先行组织者,帮助学生掌握欧洲西部气候与畜牧业的关系; 2. 以教材中图片为先行组织者,帮助学生了解欧洲西部的旅游业状况。
撒哈拉沙漠以南的非洲	1. 以学生七上掌握的经纬网、半球划分、海陆分布作为先行组织者,帮助学生通过学习非洲地图得出撒哈拉沙漠以南的非洲的地理位置; 2. 以教材中图片为先行组织者,帮助学生掌握撒哈拉沙漠以南的非洲人口、粮食与环境之间的关系。
澳大利亚	1. 以图片、动画为先行组织者,帮助学生了解澳大利亚的自然资源; 2. 以澳大利亚农业发展实况资料作为先行组织者,帮助学生比较中国和澳大利亚的区别。
美国	1. 以教材中图片为先行组织者,帮助学生了解美国民族特色; 2. 以美国视频为先行组织者,帮助学生掌握美国农业、工业特点。
巴西	1. 以教材中图片为先行组织者,帮助学生了解巴西多元文化; 2. 以有关雨林的视频和资料为先行组织者,帮助学生了解热带雨林的开发与保护。
极地地区	以有关极地环境问题的视频和教材活动中的图片为先行组织者,帮助学生感知两极地区的环境问题。

(二)适用先行组织者教学策略的初中地理知识内容——以八年级为例

七年级上学期主要是让学生了解地理,掌握自然地理的一些最基础的知识,并教会学生一定的地理学习方法,七年级下学期开始主要运用上学期所学知识来认识世界区域地理。而八年级开始我们将目光从世界转回到自己的国家——中国。七年级所学的知识可以为八年级中国地理的学习提供概括性、包括性、抽象性更高的学习材料,即先行组织者,这样有助于学生构建更全面的意义联系,促进新内容的习得和保持。表 3.4、表 3.5 是对人教版八年级《地理》适用于先行组织者教学策略的知识内容的归纳。

表 3.4　人教版八年级《地理》上册适用于先行组织者教学策略的知识内容

章节	适用于先行组织者教学策略的知识内容
疆域	1.用"中国地理位置示意图"作为先行组织者,帮助学生了解中国所处的地理环境; 2.以我国不同地域气候和时间差异图作为先行组织者,帮助学生感受我国幅员辽阔; 3.以小苹果版《大中国》作为先行组织者,帮助学生识记中国行政区划; 4.以复习一个地区地理位置的方法作为先行组织者,帮助学生自主分析我国地理位置; 5.以国家地理视频作为先行组织者引起学生学习的兴趣。
人口	1.以"中国人口数量变化表"作为先行组织者; 2.通过计算不同地区人口密度作为先行组织者,为学生推断我国人口分布特征打下基础; 3.以印度人口政策和问题作为先行组织者,帮助学生理解我国人口国策。
民族	1.以人民币上各民族图案作为先行组织者,不仅帮助学生感知我国众多的少数民族,也让学生感知民族不论大小一律平等; 2.以各少数民族民间故事或节日作为先行组织者,引起学生的学习兴趣; 3.以歌曲作为先行组织者,引起学生的学习兴趣。
地形和地势	1.以图片作为先行组织者,观察不同地形的景观差异; 2.以骨架图作为先行组织者,帮助学生理解我国山脉走向; 3.以实验作为先行组织者,帮助学生了解地势对我国有何影响。
气候	1.以不同地区同一时间景观图作为先行组织者,帮助学生了解我国由于幅员辽阔所导致的气候差异; 2.以不同地区民居图片作为先行组织者,帮助学生理解自然地理和人文地理之间的关系。
河流	1.以"一分钟"视频作为先行组织者,通过了解中国近几年河流发展对本课学习产生兴趣; 2.以习主席考察黄河、长江视频作为先行组织者,帮助学生感受长江、黄河的重要性; 3.以长江、黄河现状材料为先行组织者,让学生分析材料结合图分析长江如何开发、黄河如何治理。
自然灾害	1.以图片作为先行组织者,了解我国不同自然灾害; 2.以角色扮演作为先行组织者,帮助学生了解避灾的方法。
自然资源的基本特征	1.以图片作为先行组织者,唤起学生生活中的自然资源有哪些,帮助他们理解什么是自然资源; 2.以实践作为先行组织者,帮助学生感受保护自然资源的必要性。
土地资源	1.以图片作为先行组织者,帮助学生理解土地资源的种类; 2.以实践作为先行组织者,帮助学生理解合理利用土地的必要性。

续表

章节	适用于先行组织者教学策略的知识内容
水资源	1. 以图表作为先行组织者,帮助学生理解水资源状况; 2. 以实验作为先行组织者,帮助学生理解水循环。
交通运输	1. 以故事作为先行组织者,帮助学生了解人类交通工具的发展; 2. 以角色扮演作为先行组织者,帮助学生掌握不同的交通运输方式该如何选择。
农业	1. 以谜语作为先行组织者,了解节气与农业的关系,引起学生的兴趣; 2. 以角色扮演作为先行组织者,帮助学生理解农业发展要因地制宜; 3. 以袁隆平视频简介作为先行组织者,引起学生的兴趣。
工业	以"厉害了,我的国"小视频作为先行组织者,帮助学生了解我国工业发展水平,培养爱国情怀。

表 3.5　人教版八年级《地理》下册适用于先行组织者教学策略的知识内容

章节	适用于先行组织者教学策略的知识内容
中国的地理差异	1. 以不同区域的图片作为先行组织者,帮助学生了解我国不同区域之间的地理差异; 2. 以气温降水图、地势图作为先行组织者,帮助学生理解划分我国地理区域的依据; 3. 以不同地区景观图作为先行组织者,帮助学生了解我国四大区域居民生活状况,并分析地理环境与居民生活之间的关系。
北方地区自然特征与农业	1. 以四大区域分界线作为先行组织者,通过分析分界线帮助学生推测出北方地区大致的自然环境; 2. 以学生七上学习的气候类型、影响气候因素和景观图片为先行组织者,帮助学生掌握北方地区的农业。
东北三省	1. 以东北三省地形图作为先行组织者,帮助学生掌握东北三省自然环境; 2. 以课外视频"东北老工业基地的发展"片断作为先行组织者,帮助学生了解东北工业发展状况; 3. 以课外视频"北大仓"片断作为先行组织者,帮助学生了解东北三省农业的发展。
黄土高原	1. 以信天游作为先行组织者,帮助学生了解黄土风情,引起他们的学习兴趣; 2. 以视频"黄土高原"作为先行组织者,帮助学生感知黄土高原; 3. 以实验作为先行组织者,帮助学生感知水土流失的危害。
北京	1. 以视频"故宫"作为先行组织者,导入新课; 2. 地形图作为先行组织者,帮助学生掌握北京的自然环境,分析北京能成为历代古都的原因。
南方地区自然特征与农业	1. 以四大区域分界线作为先行组织者,通过分析分界线,帮助学生推测出南方地区大致的自然环境; 2. 以学生七上学习的气候类型、影响气候因素和景观图片为先行组织者,帮助学生掌握南方地区的农业。
长江三角洲地区	1. 以长江三角洲美食视频作为先行组织者,帮助学生感知长三角地区,引起他们的兴趣; 2. 以长三角经济发展材料作为先行组织者,帮助学生了解长江三角洲地区经济发展状况。
香港和澳门	1. 以"一国两制"作为先行组织者,帮助学生深刻感知香港、澳门是我国不可分割的一部分; 2. 以"香港和澳门"视频作为先行组织者,帮助学生了解港澳发展状况及其与内地之间的联系。
台湾省	1. 以"妈祖文化"视频作为先行组织者,帮助学生深刻感知台湾是我国不可分割的一部分; 2. 以台湾夜市美食作为先行组织者,引起学生的学习兴趣。

续表

章节	适用于先行组织者教学策略的知识内容
西北地区自然特征与农业	1. 以四大区域分界线作为先行组织者,通过分析分界线,帮助学生推测出西北地区大致的自然环境; 2. 以学生七上学习的气候类型、影响气候因素和景观图片为先行组织者,帮助学生掌握西北地区的农业。
塔里木盆地	1. 以西游记改编故事作为先行组织者,引起学生的学习兴趣; 2. 以"西气东输"视频作为先行组织者,帮助学生了解塔里木盆地这块宝地。
青藏地区自然特征与农业	1. 以四大区域分界线作为先行组织者,通过分析分界线帮助学生推测出青藏地区大致的自然环境; 2. 以学生七上学习的气候类型、影响气候因素和景观图片为先行组织者,帮助学生掌握青藏地区的农业。
三江源地区	1. 以青藏美食作为先行组织者,引起学生学习的兴趣; 2. 以"布达拉宫"视频作为先行组织者,引起学生的学习兴趣。

(三)适用认知构建教学策略的初中地理知识内容——以七年级为例

"认知构建"是 M-ACK 地理课程的心理机制,通过新旧经验相互作用的结果从而扩展学习者自身的认知结构——发生了量变或质变,根据新旧经验所处地位提出了三种认知构建学习模式。以下是对人教版七年级《地理》教学内容进行的分析和说明,分析内容如表3.6和表3.7所示。

表3.6 人教版七年级《地理》上册适用于认知构建策略的知识内容

章节	适用认知构建模式的知识内容		
	上位构建	下位构建	并列结合构建
气温的变化与分布			·气温日变化图→气温年变化图; ·北半球气温变化曲线图→南半球气温变化曲线图; ·等高线→等温线。
降水的变化与分布			气温曲线图→降水柱状图。
世界的气候	影响气温、降水因素→影响气候的因素。		

表3.7 人教版七年级《地理》下册适用于认知构建模式的知识内容

章节	适用认知构建模式的知识内容		
	上位构建	下位构建	并列结合构建
亚洲位置和范围	·经纬度、半球位置、海陆位置→地理位置的描述; ·地理位置、气候→地理环境→地理环境导致亚洲居民生活差异。	·地理位置的描述→亚洲、北美洲地理位置的描述。	亚洲地理位置与北美洲地理位置的比较。
亚洲自然环境	·气候、地形→亚洲自然环境状况。	·气候类型→亚洲复杂气候的形成。	北美洲和亚洲气候分布差异。

续表

章节	适用认知构建模式的知识内容		
	上位构建	下位构建	并列结合构建
日本	·日本经济状况→工业的概念。	·板块构造→日本多火山地震成因； ·地理位置的描述→日本地理位置的描述。	·中日文化异同； ·日本火山地震发生对策。
东南亚	·东南亚气候对农业的影响→气候与农业之间的联系； ·"十字路口"的重要性→地理位置对地区发展的重要性。	·影响旅游的因素→东南亚成为热带旅游胜地的自然、社会因素。	·东南亚旅游策略。
印度	·印度人口状况→人口问题。	·气候与农业的关系→印度气候对农业的影响。	·中印人口比较； ·印日经济发展方式比较。
俄罗斯	·俄罗斯自然资源与工业的关系→自然资源与工业的关系。	·地理位置的描述→俄罗斯地理位置的描述。	·自然资源分布状况。
中东	·中东河流分布情况→水资源问题。	·地理位置对国家发展的影响→中东地理位置的重要性。	·中东文化状况。
欧洲西部	·欧洲西部畜牧业发达原因→影响畜牧业发展的因素。	·地理位置的描述→欧洲西部地理位置的描述。	·欧洲西部旅游策略。
撒哈拉沙漠以南的非洲	·撒哈拉沙漠以南的非洲经济发展状况及前景预测→影响经济发展的因素。	·地理位置的描述→撒哈拉沙漠以南的非洲地理位置描述。	·撒哈拉沙漠以南的非洲人口、粮食、环境状况。
澳大利亚	·澳大利亚牧羊带分布与自然条件的关系→影响畜牧业分布的因素。	·大陆漂移说→澳大利亚存在古老生物的原因。	·澳大利亚工业分布条件。
美国	·美国农业专业化与自然条件的关系→影响农业发展因素。	·影响工业因素→美国工业发达的原因。	·美国人口组成。
巴西	·热带雨林的环境效应及现状→地理自然环境的整体性。	·热带雨林的环境效应→巴西亚马孙热带雨林的作用。	·巴西文化的多元性及其影响； ·热带雨林的保护措施； ·热带雨林生态的脆弱性。
极地地区	·地理自然环境的整体性→极地环境保护。	·地理位置的描述→极地地区地理位置。	·极地地区环境保护措施。

(四)适用认知构建教学策略的初中地理知识内容——以八年级为例

认知构建是 M-ACK 课程教学模式的心理机制，通过新旧经验相互作用的结果从而扩展学习者自身的认知结构——使其发生量变或质变。以下是对现行人教版八年级《地理》教学内容进行的分析和归纳，分析内容如表 3.8 和表 3.9 所示。

表 3.8　人教版八年级《地理》上册适用于认知构建策略的知识内容

章节	适用认知构建模式的知识内容		
	上位构建	下位构建	并列结合构建
疆域		·地理位置的描述→中国地理位置的描述。	·日本、蒙古海陆位置→中国海陆位置； ·俄罗斯、加拿大、巴西的经纬度位置→中国经纬度位置。
人口		·七上人口问题→中国人口问题。	·七下印度人口政策→中国人口政策。
民族			·七下美国民族政策→中国民族政策。
地形和地势		·七下亚洲地势分析方法→中国地势； ·七下地势对河流流向的影响→中国地势对河流流向的影响。	·七下美国地势对其气候影响→中国地势对其气候的影响。
气候		·七上影响气候的因素→影响我国气候的因素。	·阿拉伯半岛气候→长江以南气候→理解季风对我国气候的影响。
河流	·分析河流的水文特征→分析河流的方法。		·黄河→长江。
自然灾害			·七下日本防灾减灾→中国防灾减灾。
自然资源的基本特征	·土地、矿产等等→可再生和非可再生→自然资源。		·七下日本自然资源及经济发展模式→中国自然资源及经济发展模式。
水资源			·七下生物水圈的学习→水循环→水库调节径流示意图。
农业	·种植业、畜牧业、林业、渔业→农业的定义； ·气候、地形→影响农业种类的因素。		·七下美国发达的农业→中国因地制宜发展农业。
工业	·工业的定义。		·七下美国硅谷→中国中关村。

表 3.9　人教版八年级《地理》下册适用于认知构建策略的知识内容

章节	适用认知构建模式的知识内容		
	上位构建	下位构建	并列结合构建
中国的地理差异	·地理位置、气候→地理环境→地理环境导致不同区域居民生活差异； ·地理环境的差异→地理区域的划分。	·地理区域的划分→中国四大地理区域的划分。	·北方地区与南方地区自然和人文差异的比较。
北方地区自然特征与农业	·气候、地形→北方地区自然特征。	·农业→旱作农业区。	

续表

章节	适用认知构建模式的知识内容		
	上位构建	下位构建	并列结合构建
东北三省	·东北三省气候对农业的影响→气候与农业之间的联系。	·农业→东北三省农业的发展； ·工业→东北老工业基地的发展。	
黄土高原	·水土流失的成因→人地关系和谐发展的重要性。		·土地资源→水土保持。
北京	·北京成为古都的自然条件→自然条件对其人文环境的影响。		·北京旅游策略。
南方地区自然特征与农业	·气候、地形→南方地区自然特征。	·农业→水田农业区。	·旱作农业区→水田农业区； ·黑土地、黄土地→红土地。
长江三角洲地区	·长三角经济发达原因→影响区域经济发展的原因。	·地理位置对国家发展的影响→长江三角洲经济发展状况。	·东北三省→长江三角洲地区； ·水乡文化特色旅游策略。
香港和澳门	·"上天下海"→解决人地矛盾的方法。	·地理位置的描述→港澳地理位置的描述。	·长江三角洲经济发展→港澳经济发展。
台湾省	·台湾经济发展状况及前景预测→影响经济发展的因素。	·地理位置的描述→台湾地理位置的描述。	·七下日本经济发展模式→外向型经济。
西北地区自然特征与农业	·气候、地形→西北地区自然特征。	·农业→牧区和灌溉农业区。	
塔里木盆地	塔里木盆地的景观→气候特征→影响降水的因素。	·影响降水的因素→塔里木盆地干旱的原因。	·南水北调→西气东输。
青藏地区自然特征与农业	·气候、地形→青藏地区自然特征。	·农业→高寒牧区和河谷农业区。	·西北地区自然特征→青藏地区自然特征。
三江源地区	·地理自然环境的整体性→三江源环境保护。	·地理位置的描述→三江源地区地理位置。	·三江源地区环境保护措施。

三、M-ACK 地理课程教学策略

本节通过详细介绍先行组织者策略、认知构建策略和整合策略，旨在帮助读者了解 M-ACK 地理课程是通过何种方式进行教学，帮助学生有意义地进行学习的。

（一）A—先行组织者策略

学习是否有意义，首先得看学习者是否有相关的学习经验，先行组织者的作用就是给学生提供相应的学习经验，因此，先行组织者必须遵循以下原则：首先，要实现某既定目标就要给学生具备这种经验的机会;其次,要使学生在完成目标时获得满足感;再次,先行组织者想要引起的反应必须是在学生力所能及的范围之内,学生所产生的反应也必须在教师所能控制的范围之内;接着,有许多特定的经验都可以用来实现同样的教育目标;最后,同样的学习经验可能会产生多种结果。先行组织者主要起引导作用,通常其呈现形式为与新知识相关的导向性材料,它是先于学习任务本身呈现的一种引导性材料,且综合性高于学习任务,并与学习者原有的知识相联系。它能帮助学习者进行学习的迁移,主要是因为它能为学习者提供其新旧经验之间的连接点。先行组织者可以用于扩展学习内容,帮助学习者找到自己知识结构当中的关联点,也可以用于比较学习,帮助学习者辨别新旧概念。先行组织者虽然名为先行,但其实它的呈现顺序可根据实际情况而定,既可以在学习内容之前呈现,目的是为新的学习提供适当的类属;也可在学习内容之后呈现,目的是帮助学习者辨别新旧概念,重组其认知结构。在 M-ACK 课程教学模式中先行组织者策略分为学生部分和教师部分,两者相辅相成。图 3.2 为先行组织者选择原则图。

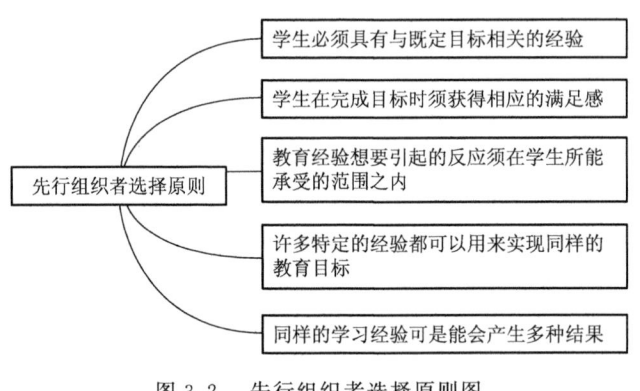

图 3.2　先行组织者选择原则图

1. 教师先行组织者策略

教师根据先行组织者原则结合学生情况切合实际地设定每节课的教学目标,一节课的有效教学目标一般不超过四个,要注意隐形目标,提供经验的方式要注意其程度、效度和深度,为学生提供与之经验相关的知识,搭建"最近发展区"。本书设计了整个初中《地理》四册书的先行组织者设计图,图 3.3 为教师做教学设计前须根据先行组织者原则填写先行组织者设计图。

(1)人教版七年级《地理》上册教师先行组织者策略案例

① 地图的阅读

本节讲述的是人教版七年级《地理》上册第一章"地球和地图"第三节的内容,地图是一种信息的载体,也是信息的传递工具,在生产、生活上有着极为广泛的用途。同时,地图也是地理课的第二语言,是学生学习地理知识的重要源泉。因此,教材从联系实际出发,将掌握地图的基本知识、学会使用地图的基本技能作为重点。教材主要介绍了地图的含义,地图的三要素(比例尺、方向、图例),同时还进一步介绍了比例尺的含义、公式、表示方法、判断方向的三种形式和一些常用的图例。

本节课程标准包含三个:a. 在地图上辨别方向,判读经纬度,量算距离;b. 根据需要选择常用地图,查找所需要的地理信息,养成在日常生活中使用地图的习惯;c. 列举电子地图、遥感图

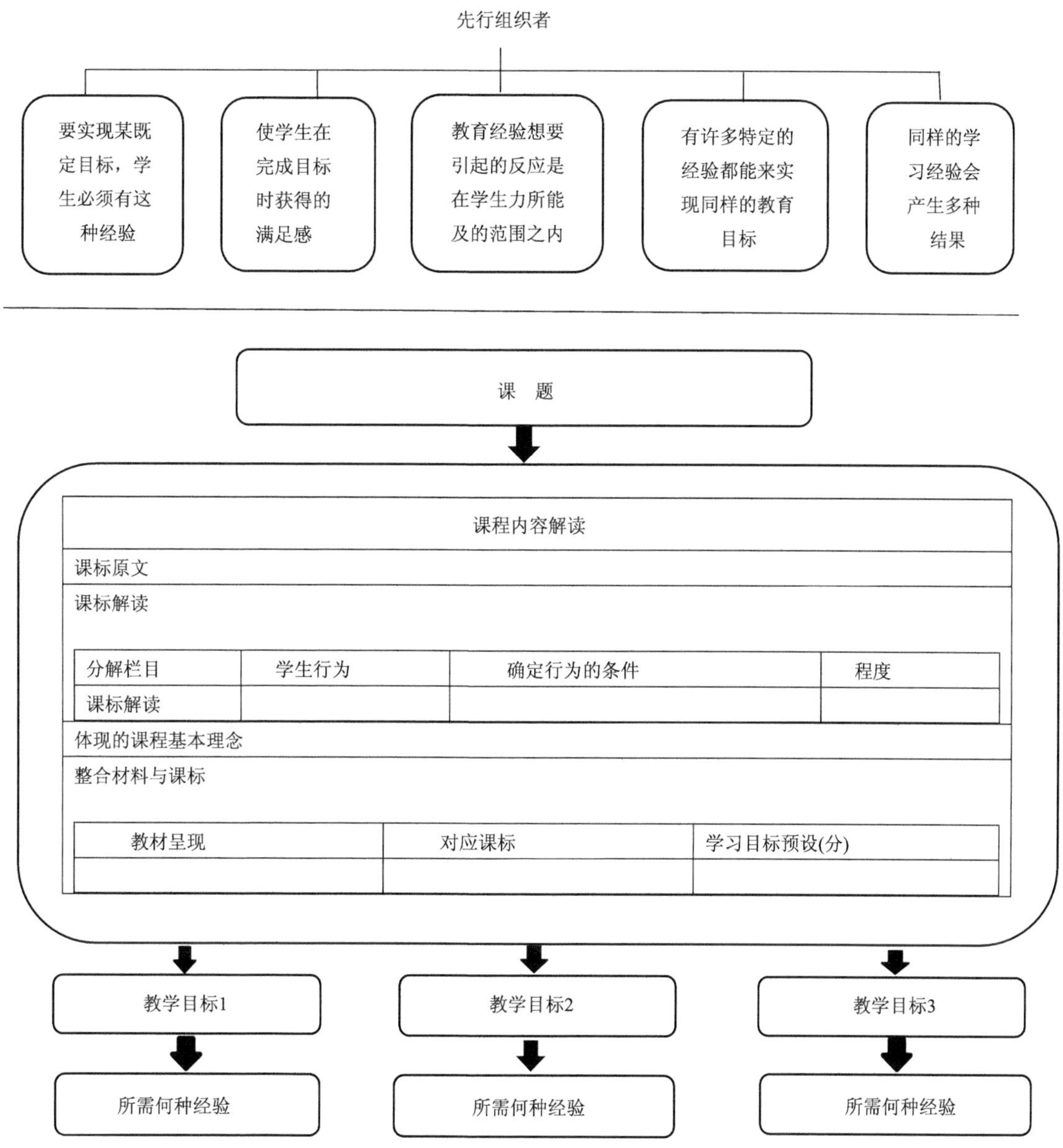

图 3.3　先行组织者设计图

像等在生产、生活中应用的实例。"在地图上辨别方向,判读经纬度,量算距离"中要求的"判读经纬度"和前面"在地球仪上确定某地点的经纬度"的要求是一致的,所以,判读经纬度应该在前面"地球仪"的研究中已经落实。这里我们要重点落实的是在地图上辨别方向、量算距离及根据图例和注记辨别地理事物。在地图上辨别方向,包括根据经纬网确定方向、根据指向标判断方向和在没有经纬网和指向标的情况下依据使用习惯辨别方向。其中后面两种情况,学生在小学数学、科学或者品德与社会等学科中已经接触,是重点,但不是难点。根据经纬网辨别方向是重点,同时也是难点。在地图上量算距离,一是要使学生理解比例尺的概念;二是要会进行图上距离的测量以及图上距离与实地距离的换算;三是要知道比例尺的大小与地图详略的关系。尽管学生在小学数学中已经学习过比例尺,这里仍然要作为重点,而且依然会是难点。根据图例和注记辨别地理事物,一方面要使学生明确图例和注记在表达地理事物中的作用,另一方面要培养学生对照图例阅读地图的意识和习惯。至于具体的图例,并不要求学生识记,因为学生在阅读各种地图的过程中自然会认识一些常见图例,刻意识记反而不利于学生对照图例阅读地图习惯的培养。在"根据需要选择常用地图,查找所需要的地理信息,养成在日常生活中使用地图的习惯"的课标要求中,"根据需要选择常用地图"包括对不同主题地图的选择和不同详略地图的选择。当然,这里并不需要我们给地图进行系统分类,只要学生能在部分常见地图中做出正确选择即可;"查找所需要的地理信息"是要根据需要,对照图例进行查找;"养成在日常生活中使用地图的习惯"不是要求一节课达成,而是需要从现在开始,并在以后的学习和生活中逐渐养成。"列举电子地图、遥感图像等在生产、生活中应用的实例。"一方面要知道电子地图与遥感图像是两种不同的信息呈现方式;另一方面要了解它们常见的应用实例。

通过分析课标,我们可以确定本节的核心素养目标。因此,本节教学目标为:a. 在地图上根据经纬线、指向标或者通常使用习惯(没有经纬网和指向标时)确定方向,在地图上测量两点之间的图上距离,并根据比例尺换算成实地距离,理解比例尺的概念;b. 根据需要选择内容适宜、详略得当的地图,并对照图例和注记查找所需要的地理信息,养成在日常生活中使用地图的习惯;c. 在观察思考、总结归纳等探究过程中,逐步树立求真务实的科学探究精神。

根据本节课程标准、核心素养目标和先行组织者设计原则,本书设计了本节教师先行组织者。图 3.4 为七年级上册"地图先行组织者设计图"。

② 大洲和大洋

本节讲述的是初中人教版七年级《地理》上册第二章"陆地和海洋"的第一节"大洲和大洋",教材先讲述了海陆面积比例和海陆分布大势,再层层深入说明七大洲、四大洋的分布特点,使学生对全球海陆分布有一个既完整又具体的认识。从知识的角度来看,这一节主要讲述的内容是了解地球上海陆所占比例和海陆分布特点,运用地图判别大洲、大陆、半岛、岛屿及大洋、海、海峡,识别七大洲和四大洋。从学生学习能力上来看,学生能够记住七大洲、四大洋的名称,但建立全球海陆空间分布架构还是有一定困难的。本节是本章的教学重点,是学生今后学习世界地理的基础,为了达成这一节的学习目标,教师应该加强学生读图、填图和绘图方面的训练,力求使学生能够把海陆分布架构落实在地图上。

本节课程标准包含两个:a. 运用地图和数据,说出地球表面海、陆所占比例,描述海陆分布特点;b. 运用世界地图说出七大洲、四大洋的分布。运用地图说出,是一种感性认识,而运用数据说出,则是理性分析。从用地图到用数据,隐含的是一种认知的发展。"描述海陆分布特点"实际上是学生根据地图对海陆分布进行归纳所得出的具体结论。最基本的结论是海陆分布不均匀,还可以更具体:陆地主要集中在北半球,海洋大多分布在南半球,北极周围是海洋,南极附近是陆地。这里需要注意的是,常有学生会这样描述:北半球以陆地为主,南半球以海洋为主。显然,前半句是错误的,因为无论怎样划分,地球任何两个大小相等的半球,都是海洋面积大于陆地。对于"运用世界地图说出七大洲、四大洋的分布"这一要求,首先在要求学生说出大洲和大洋的分布之前,要给学生进行大洲与大陆、半岛和岛屿、大洋与海、海峡的界定或区分。其次这个"说出"有几个层次。最基本的是能够说出每个大洲和大洋的名字;要求再高一

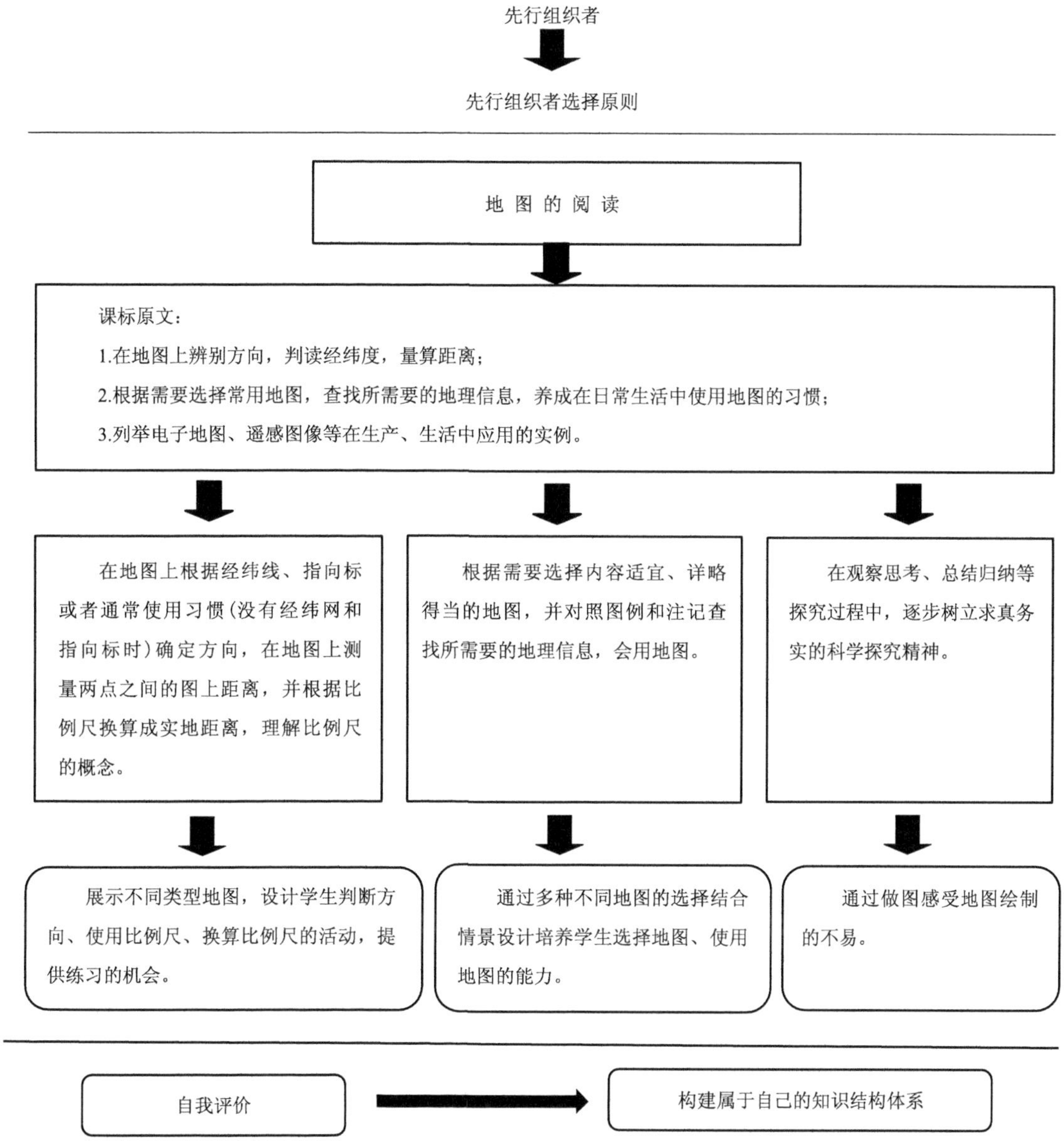

第三章　M-ACK 地理课程教学模式

```
                        先行组织者
                            ↓
                     先行组织者选择原则
─────────────────────────────────────────────
                    ┌──────────────┐
                    │  地 图 的 阅 读  │
                    └──────────────┘
                            ↓
        ┌─────────────────────────────────────┐
        │ 课标原文：                              │
        │ 1.在地图上辨别方向，判读经纬度，量算距离；        │
        │ 2.根据需要选择常用地图，查找所需要的地理信息，     │
        │   养成在日常生活中使用地图的习惯；              │
        │ 3.列举电子地图、遥感图像等在生产、生活中应用的实例。│
        └─────────────────────────────────────┘
            ↓                ↓              ↓
┌──────────────────┐ ┌──────────────┐ ┌──────────────┐
│在地图上根据经纬线、指向标│ │根据需要选择内容适宜、│ │在观察思考、总结归纳等│
│或者通常使用习惯（没有经纬│ │详略得当的地图，并对照│ │探究过程中，逐步树立求│
│网和指向标时）确定方向，在│ │图例和注记查找所需要的│ │真务实的科学探究精神。│
│地图上测量两点之间的图上距│ │地理信息，会用地图。 │ │              │
│离，并根据比例尺换算成实地│ │              │ │              │
│距离，理解比例尺的概念。  │ │              │ │              │
└──────────────────┘ └──────────────┘ └──────────────┘
            ↓                ↓              ↓
┌──────────────────┐ ┌──────────────┐ ┌──────────────┐
│展示不同类型地图，设计学生│ │通过多种不同地图的选择│ │通过做图感受地图绘制│
│判断方向、使用比例尺、换算│ │结合情景设计培养学生选│ │的不易。          │
│比例尺的活动，提供练习的机│ │择地图、使用地图的能力。│ │              │
│会。                │ │              │ │              │
└──────────────────┘ └──────────────┘ └──────────────┘
─────────────────────────────────────────────
      ┌────────┐                ┌──────────────────┐
      │  自我评价 │ ──────────→   │构建属于自己的知识结构体系│
      └────────┘                └──────────────────┘
```

图 3.4　地图先行组织者设计图

点是能够说出每个大洲和大洋的"邻居"及大洲之间的分界线；最高层次是能够说出大洲和大洋所在的半球或者说出重要的经纬线所穿过的大洲和大洋。显然，这些并不是一个课时就能达成的，需要在以后的学习中逐渐加深。

通过分析课标，我们可以确定本节的核心素养目标。具体目标为：a. 运用地图描述地球表面海陆分布特点，并用简单方法估算并说出地球表面海、陆所占的比例；b. 在世界地图上，运用地图判别大洲、大陆、半岛、岛屿以及大洋、海和海峡，说出七大洲、四大洋的名称、位置、轮廓和分布特点；c. 了解人类认识地球面貌的历程，增强热爱科学、探究地理、造福人类的信心和决心。

M-ACK 地理课程的开发和应用

根据本节课程标准、核心素养目标和先行组织者设计原则,本书设计了本节教师先行组织者。图 3.5 为人教版七年级《地理》上册"大洲和大洋先行组织者设计图"。

```
                    先行组织者
                        ↓
                先行组织者选择原则
─────────────────────────────────────────────
                    大洲和大洋
                        ↓
    课标原文:
    1.运用地图和数据,说出地球表面海、陆所占比例,描述海陆分布特点;
    2.运用世界地图说出七大洲、四大洋的分布。
```

运用地图描述地球表面海陆分布特点,并通过简单方法估算并说出地球表面海、陆所占的比例。	运用地图判别大洲、大陆、半岛、岛屿以及大洋、海和海峡,说出大洲、大洋的名称、位置、轮廓和分布特点。	了解人类认识地球面貌的历程,增强热爱科学、探究地理、造福人类的信心和决心。
使用地图加上抛球实验帮助学生明确地球表面海陆分布特点并给出数据简单估算地球海陆所占比例。	观察地球,具体识别大洲、大陆、半岛、岛屿以及大洋、海和海峡,使用不同的描述方式帮助同学们脑海中形成大洲、大洋地图。	通过展示人类认识地球面貌的历程,培养学生正确的人地协调观。

自我评价 ⟶ 构建属于自己的知识结构体系

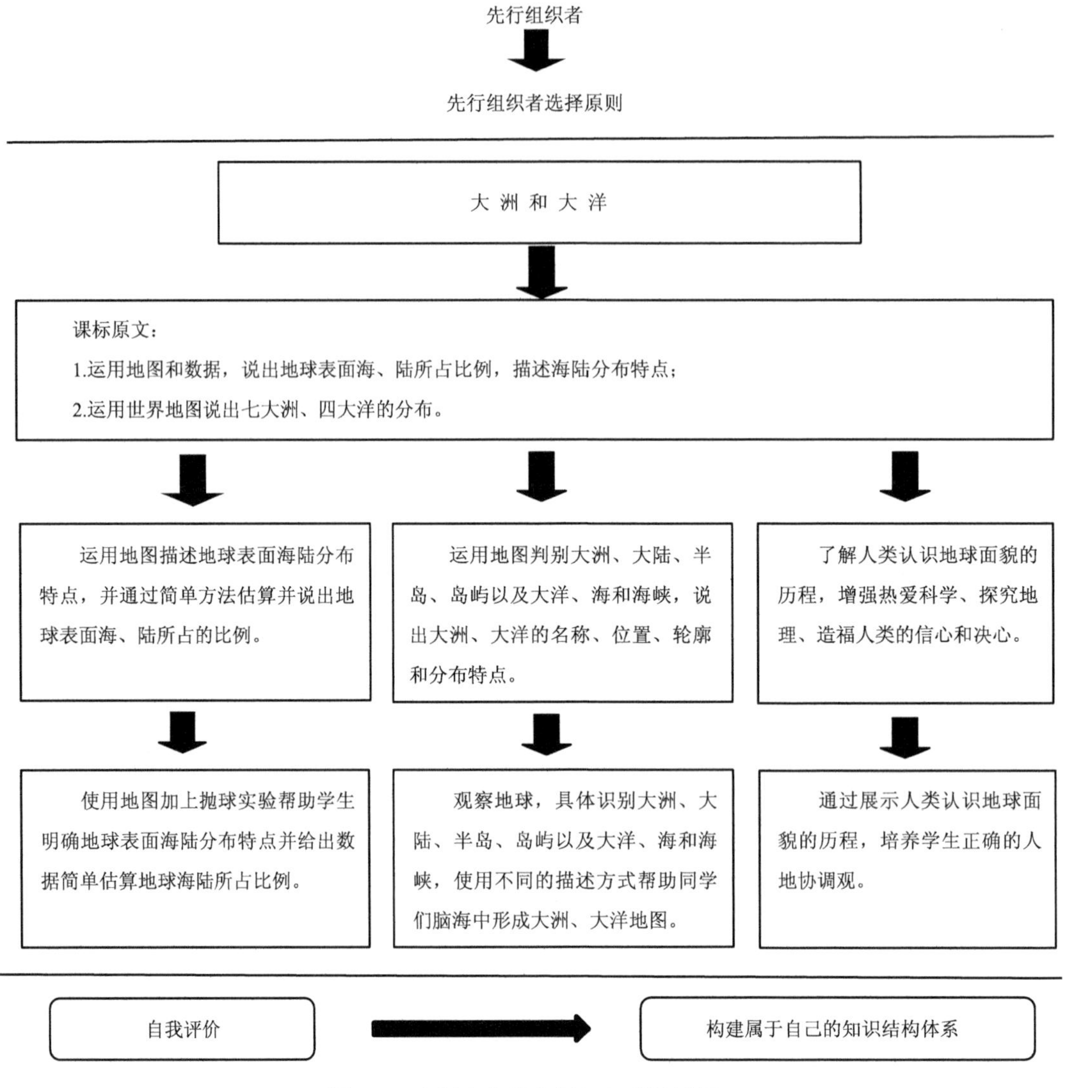

图 3.5　大洲和大洋先行组织者设计图

③ 多变的天气

本节为人教版七年级《地理》上册第三章第一节内容,教材从学生日常生活中的天气现象入手,首先讲述天气和气候的概念、特点,设计了区别天气和气候的活动式课文;接着介绍天气对我们的影响,再进一步介绍了常见的天气预报形式——电视天气预报;同时讲述了常见的天气预报符号及获得天气预报的途径,然后引入表示空气质量的方法——空气污染指数;最后通过活动式课文介绍人类活动对空气质量的影响。从教材结构看,本节是后面继续学习气温、降水和气候知识的基础;从教材内容看,本节生活性、实践性都很强,强调了天气是人们生活、生产中不可缺少的一部分。因此,在教学中,我们应该从实践出发,联系生活实际,将学生的生活体验带入课堂,让学生切切实实感受到现在学习的是对生活有用的地理,是对终身发展有用的地理。

本节课程标准包含三个:a.区分"天气"和"气候"的概念,并能正确运用;b.识别常用的天气符号,能看懂简单的天气图;c.用实例说明人类活动对空气质量的影响。"区分'天气'和'气候'的概念,并能正确运用",这里并不是要求学生能够记住关于天气和气候的具体文字定义,而是要求学生能够结合具体生活体验,总结天气与气候的主要特征(如描述时间的长短和稳定性),最终能够对天气和气候进行区分并灵活运用。简单说,就是要理解而不是死记。这里"常用的天气符号"和"简单的天气图"是指电视、网络等媒体天气预报中经常出现的天气符号和天气图。因为媒体天气预报中的天气符号不一定会和教材中的一样。所以,本目标并不是要求一节课内达成,而是需要学生在日常生活应用中逐渐掌握。空气质量的高低主要受人类活动的影响,导致空气质量下降的大气污染物主要分为有害气体和颗粒物等。导致空气质量下降的大气污染源主要有:工厂排放、汽车尾气、农垦烧荒、森林火灾、炊烟、尘土等。"用实例说明人类活动对空气质量的影响"旨在提升学生的环保意识,培养学生的可持续发展观念,并不是要求学生必须全面、详实地列举和说明。师生可以共同收集整理尽可能多的"实例",加深学生对"人类活动对空气质量的影响"的理解。

通过分析课标,我们可以确定本节的核心素养目标。具体教学目标为:a.识别常用的天气符号,学会阅读天气预报中的卫星云图和城市天气预报图,在生活中正确使用"天气"这一术语;b.用实例说明人类活动对大气环境的负面影响及保护环境的重要性;c.增强学生对大气环境的保护意识,初步形成人地协调的观点,养成收听、收看天气预报的良好习惯。

根据本节课程标准、核心素养目标和先行组织者设计原则,本书设计了本节教师先行组织者。图3.6为人教版七年级《地理》上册"多变的天气先行组织者设计图"。

④ 人类的聚居地——聚落

本节是人教版七年级《地理》上册第四章"居民与聚落"第三节的内容。本章是七年级学生首次接触人文地理的开端,意在让学生了解世界人文的概况,探讨人文地理与自然地理的关系。"人类的居住地——聚落"将从一个崭新的角度加深同学们对人文地理与自然地理关系的认识,是前两节内容的延续和拓展,通过让学生观察聚落的景观图片,列举分析聚落与自然环境的关系,明白传统聚落的保护意义,让学生进一步体会人类社会与自然的密切关系,进一步丰富学生的地理知识,促进学生观察、分析、概括的能力和审美意识的发展,促进学生地理思维方法的形成,因而,在整个世界地理学习中起着桥梁和纽带的作用。本节课程标准包含三个:a.通过图片描述城市景观和乡村景观的差别;b.举例说出聚落与自然环境的关系;c.懂得保护世界文化遗产的意义。

通过分析课标,我们可以确定本节的核心素养目标。具体教学目标为:a.能够运用图片描述城市景观与乡村景观的差别;b.举例说出聚落与自然环境的关系,懂得聚落的形成和发展要与当地自然环境相适应,不同的环境下有不同的聚落;c.懂得保护世界文化遗产的意义,爱护聚落环境。

根据本节课程标准、核心素养目标和先行组织者设计原则,本书设计了本节教师先行组织

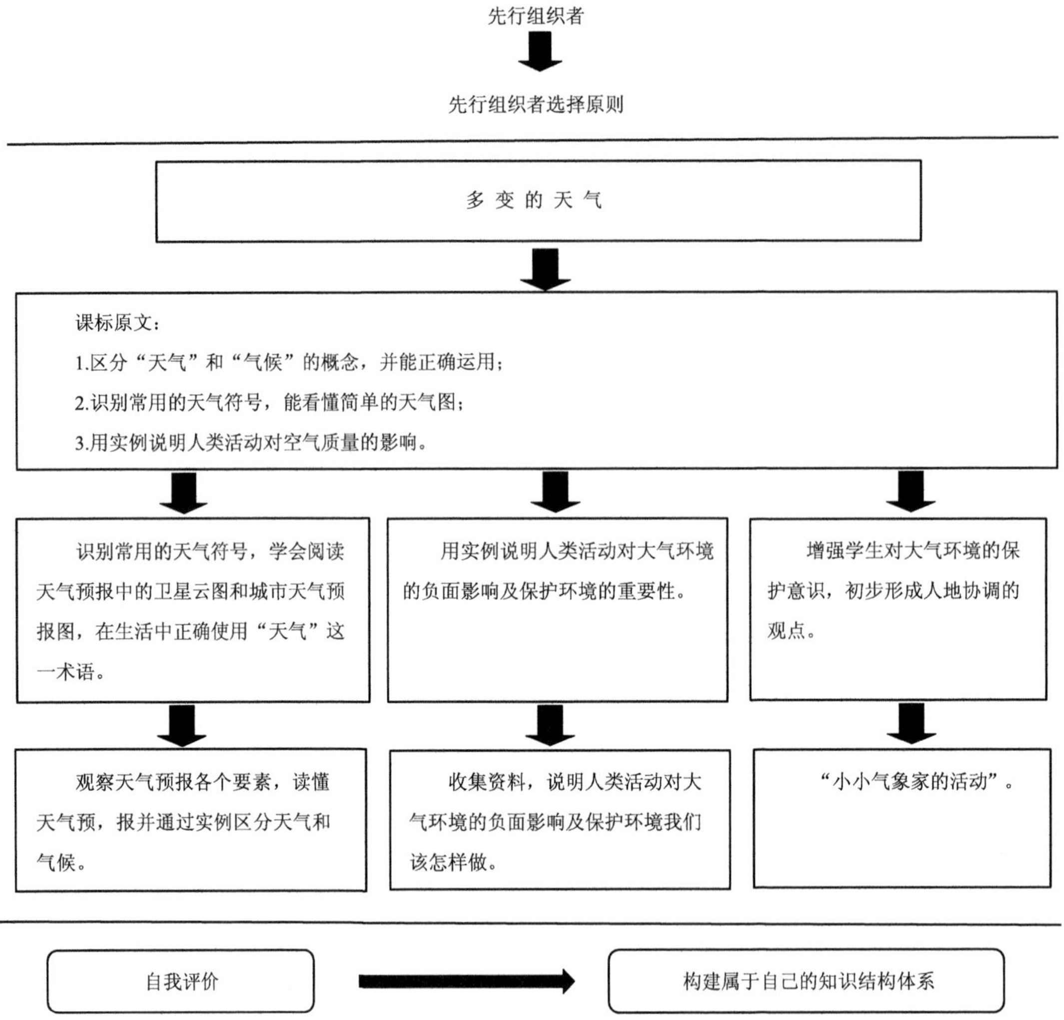

```
                    先行组织者
                        ↓
                先行组织者选择原则
┌─────────────────────────────────────────────┐
│                  多  变  的  天  气           │
└─────────────────────────────────────────────┘
                        ↓
┌─────────────────────────────────────────────┐
│ 课标原文：                                    │
│ 1.区分"天气"和"气候"的概念，并能正确运用；    │
│ 2.识别常用的天气符号，能看懂简单的天气图；    │
│ 3.用实例说明人类活动对空气质量的影响。        │
└─────────────────────────────────────────────┘
```

识别常用的天气符号，学会阅读天气预报中的卫星云图和城市天气预报图，在生活中正确使用"天气"这一术语。	用实例说明人类活动对大气环境的负面影响及保护环境的重要性。	增强学生对大气环境的保护意识，初步形成人地协调的观点。
观察天气预报各个要素，读懂天气预报并通过实例区分天气和气候。	收集资料，说明人类活动对大气环境的负面影响及保护环境我们该怎样做。	"小小气象家的活动"。

```
┌──────────┐          ┌────────────────────────┐
│  自我评价 │  ──▶    │ 构建属于自己的知识结构体系 │
└──────────┘          └────────────────────────┘
```

图 3.6　多变的天气先行组织者设计图

者。图3.7为人教版七年级《地理》上册"人类的聚居地——聚落先行组织者设计图"。

⑤ 发展与合作

本节是人教版七年级《地理》上册的最后一节内容，也是人文地理的深化。国家和地区是认识世界的基础，而世界经济发展的不平衡以及原料、产品的供应关系，则突出了国家合作的重要性。本单元只有一节，它是学生了解国际形势、认识一些国际问题的背景资料。"发展与合作"培养学生正确认识国际关系的能力，以及分析解决实际问题的能力，树立对世界、对祖国强烈的责任感和使命感。

本节课程标准包含三个：a.运用实例，认识不同地域发展水平存在差异；b.运用地图归纳发展中国家和发达国家的分布特点；c.用实例说明加强国际合作的重要性。这里的发展水平差异最主要的是指经济发展水平差异，同时也包括社会发展水平差异。当然，经济与社会发展水平差异往往与区域的自然条件以及开发历史等因素有关。所以，我们要重点引导学生关注经济与社会差异，同时兼顾差异原因。这里的"不同地域"可以是大洲之间、大

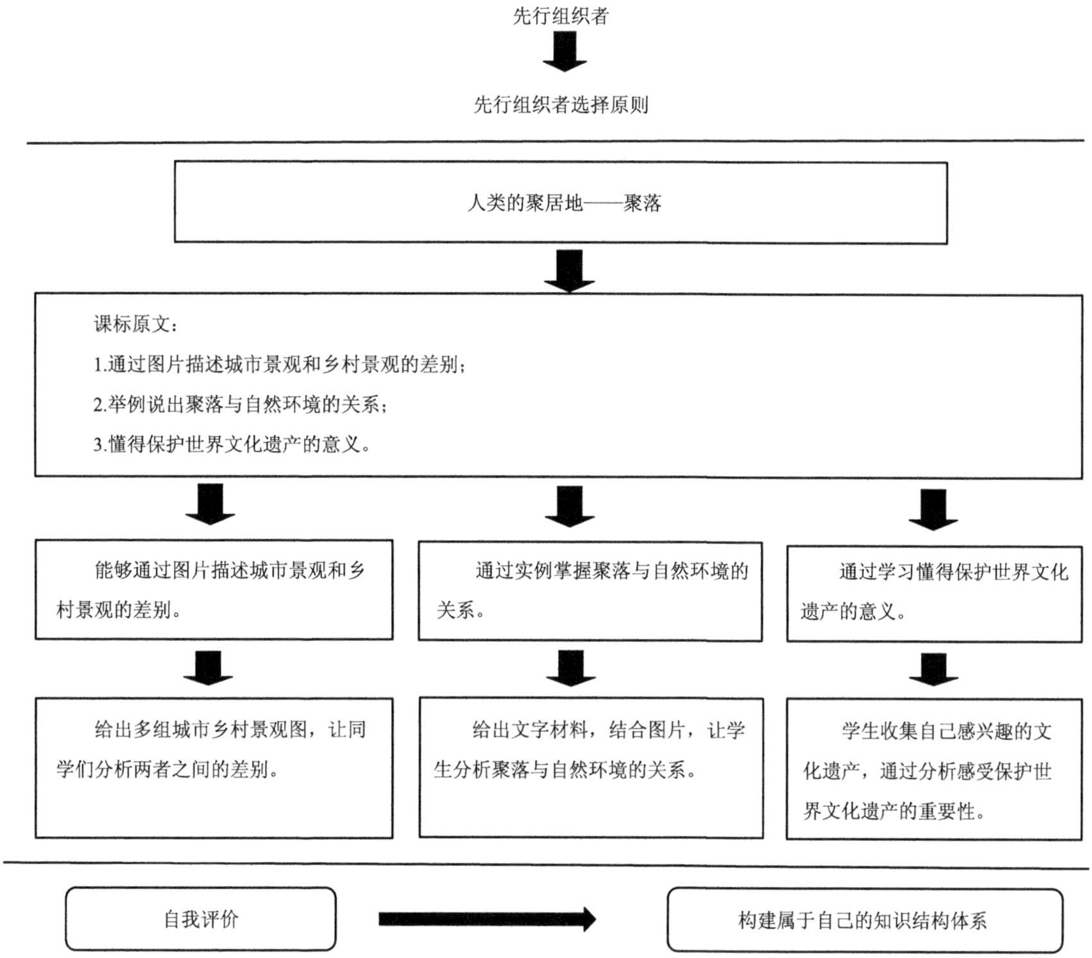

第三章　M-ACK 地理课程教学模式

```
                            先行组织者
                               ↓
                        先行组织者选择原则
─────────────────────────────────────────────────
                    ┌─────────────────────┐
                    │  人类的聚居地——聚落  │
                    └─────────────────────┘
                               ↓
      ┌───────────────────────────────────────────┐
      │ 课标原文：                                │
      │ 1.通过图片描述城市景观和乡村景观的差别；  │
      │ 2.举例说出聚落与自然环境的关系；          │
      │ 3.懂得保护世界文化遗产的意义。            │
      └───────────────────────────────────────────┘
           ↓                  ↓                   ↓
  ┌──────────────┐   ┌──────────────┐   ┌──────────────┐
  │能够通过图片描│   │通过实例掌握聚│   │通过学习懂得保│
  │述城市景观和乡│   │落与自然环境的│   │护世界文化遗产│
  │村景观的差别。│   │关系。        │   │的意义。      │
  └──────────────┘   └──────────────┘   └──────────────┘
           ↓                  ↓                   ↓
  ┌──────────────┐   ┌──────────────┐   ┌──────────────┐
  │给出多组城市乡│   │给出文字材料，│   │学生收集自己感│
  │村景观图，让同│   │结合图片，让学│   │兴趣的文化遗产│
  │学们分析两者之│   │生分析聚落与自│   │，通过分析感受│
  │间的差别。    │   │然环境的关系。│   │保护世界文化遗│
  │              │   │              │   │产的重要性。  │
  └──────────────┘   └──────────────┘   └──────────────┘
─────────────────────────────────────────────────
    ┌──────────┐                   ┌──────────────────────┐
    │ 自我评价 │ ────────────────→│构建属于自己的知识结构体系│
    └──────────┘                   └──────────────────────┘
```

图 3.7　人类的聚居地——聚落先行组织者设计图

洲内部、大区之间，也可以是国家之间以及国家内部等，我们需要重点关注的是国家之间。"运用地图归纳发展中国家与发达国家的分布特点"有利于学生理解"南南合作"和"南北对话"的概念。"用实例说明加强国际经济合作的重要性"，重在培养核心素养。教师在帮助学生进行实例剖析的过程中，要引领学生进一步认识发达国家和发展中国家的优势和不足，体验和理解国际合作的意义，初步形成全球意识。这里教师必须要明确的是，国际合作不仅仅包括经济领域，还包括政治、社会、贸易、文化、科技等各个领域。课标之所以提出"加强国际经济合作的重要性"，是因为区域经济发展水平往往对区域内其他各领域的发展有重要的影响。

通过分析课标，我们可以确定本节的核心素养目标。具体教学目标为：a. 在地图上归纳发展中国家和发达国家的分布特点，运用实例比较不同地域发展水平的差异；b. 用实例说明国际经济合作，学会分析国际经济合作的重要性；c. 正确认识发达国家与发展中国家贸易的不平等问题，树立中国必须加强国际经济合作的观念。

根据本节课程标准、核心素养目标和先行组织者设计原则，本书设计了本节教师先行组织者。图 3.8 为人教版七年级《地理》上册"发展与合作先行组织者设计图"。

```
                        先行组织者
                            ↓
                      先行组织者选择原则
─────────────────────────────────────────────────
                     ┌─────────────────┐
                     │   发 展 与 合 作   │
                     └─────────────────┘
                            ↓
   ┌───────────────────────────────────────────┐
   │ 课标原文:                                   │
   │ 1.运用实例,认识不同地域发展水平存在差异;       │
   │ 2.运用地图归纳发展中国家和发达国家的分布特点;  │
   │ 3.用实例说明加强国际合作的重要性。             │
   └───────────────────────────────────────────┘
        ↓                    ↓                    ↓
  ┌──────────┐        ┌──────────┐        ┌──────────┐
  │运用实例,比较│        │能在地图上归│        │用实例说明加│
  │不同地域发展│        │纳发展中国家│        │强国际经济合│
  │水平的差异。│        │和发达国家的│        │作的重要性。│
  │          │        │分布特点。  │        │          │
  └──────────┘        └──────────┘        └──────────┘
        ↓                    ↓                    ↓
  ┌──────────┐        ┌──────────┐        ┌──────────┐
  │学生收集资料│        │运用地图分析│        │用新闻素材说│
  │,比较不同地│        │发展中国家和│        │明加强国际经│
  │区发展到底哪│        │发达国家分布│        │济合作的重要│
  │些方面有差异│        │的地区,归纳│        │性。        │
  │。         │        │其分布特点。│        │          │
  └──────────┘        └──────────┘        └──────────┘
─────────────────────────────────────────────────
      ┌────────┐                    ┌────────────────────┐
      │ 自我评价 │  ────────────→    │ 构建属于自己的知识结构体系 │
      └────────┘                    └────────────────────┘
```

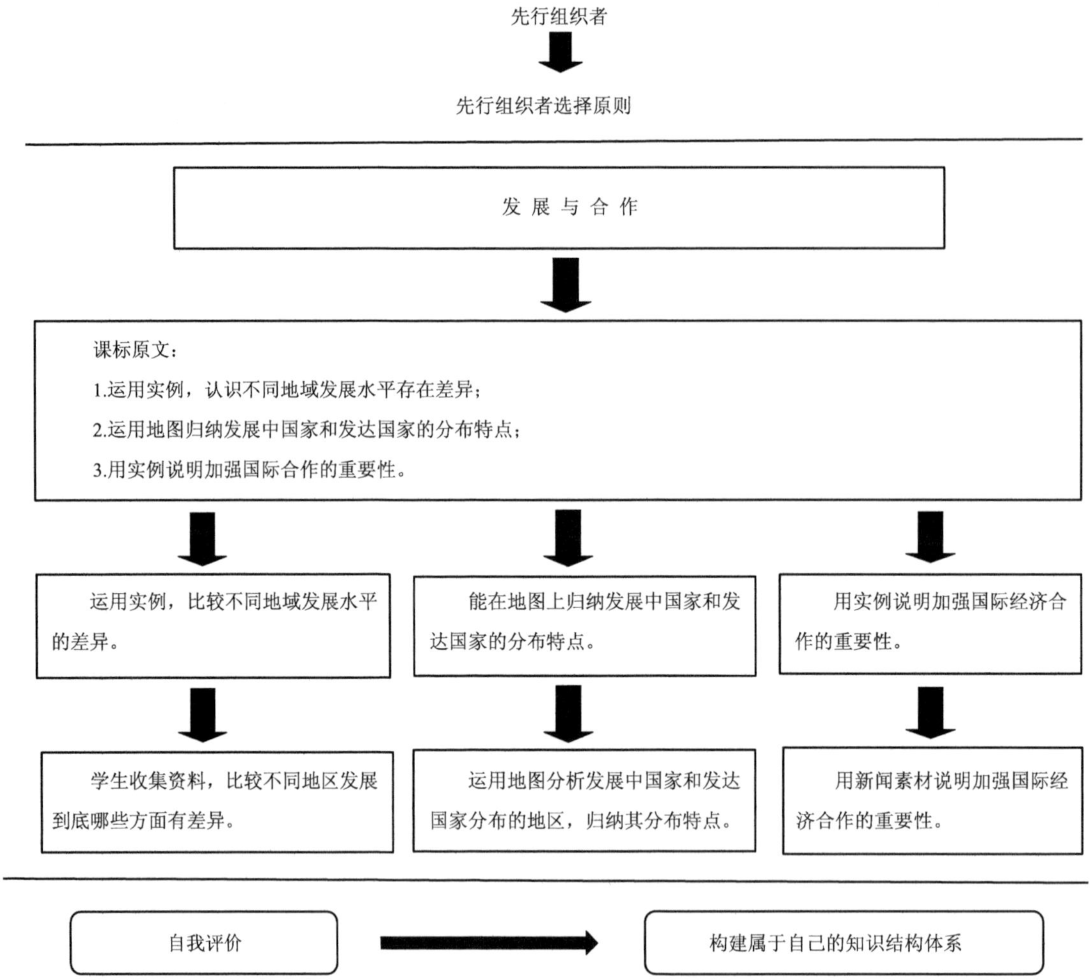

图 3.8 发展与合作先行组织者设计图

(2) 人教版七年级《地理》下册教师先行组织者策略

① 亚洲位置和范围

本节内容主要是认识亚洲的位置和范围,是区域地理的第一节内容。七年级下学期学生已经有了相关的基础知识,具备相应的知识背景,但仍需要借助形象直观的教学手段。因此教师可以设计"神奇之旅"这一情境主线,调动学生的学习兴趣,通过观察、分析、讨论、查找资料、论证等方法来体验学习的乐趣。同时,通过对地图和相关资料的分析,学会描述大洲位置和范围的一般方法,并能举一反三,学以致用。本节课程标准为运用地图等资料简述某大洲的纬度位置和海陆位置。

通过分析课标,我们可以确定本节的核心素养目标。具体教学目标为:a.能在地图上读出某大洲的纬度位置和海陆位置,尝试从不同方面说明亚洲是"世界第一大洲",通过大洲位置和范围的学习,简述某一地区位置和范围的方法;b.通过图片资料,尝试了解亚洲不同地区居民的生活差异;c.通过亚洲不同地区居民生活差异的学习,掌握位置和范围对人类生产、生活的影响。

根据本节课程标准、核心素养目标和先行组织者设计原则,本书设计了本节教师先行组织者。图3.9为人教版七年级《地理》下册"亚洲的位置和范围先行组织者设计图"。

```
                            先行组织者
                                ↓
                         先行组织者选择原则
─────────────────────────────────────────────────────────
                         亚洲的位置和范围
                                ↓
               课标原文:运用地图等资料简述某大洲的纬度位置和海陆位置。
         ↓                      ↓                       ↓
  通过大洲位置和范围的      通过地图和其他资料,尝试从      通过亚洲不同地区居民生活
  学习,引导学生探究某一    不同方面说明亚洲是"世界第一    差异的学习,让学生了解位置和
  地区位置和范围的        大洲"。                      范围对人类生产、生活的影响。
  方法。
         ↓                      ↓                       ↓
  结合地形图分析亚洲的地理位置和   给出数据和材料说明亚洲     景观图——推测该地气候;
  范围,并推导出分析一个地区地理位置  在哪些方面体现出"世界第一  气候图——推测该地景观;
  和范围的方法,并用该方法分析北美    大洲"。                总结位置范围对人类生产生活的
  洲,学会学以致用。                                      影响
─────────────────────────────────────────────────────────
         自我评价          →          构建属于自己的知识结构体系
```

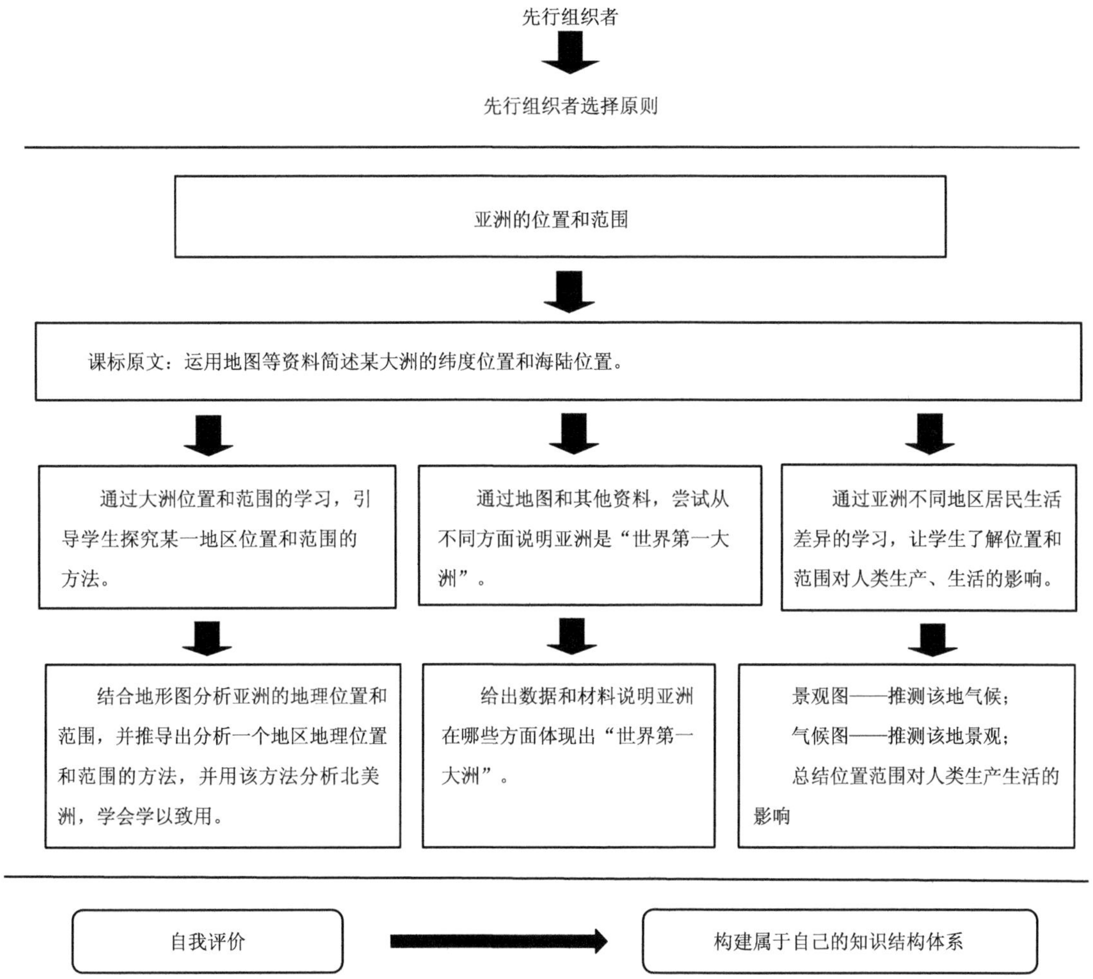

图 3.9 亚洲的位置和范围先行组织者设计图

② 东南亚

本节内容为人教版七年级《地理》下册第七章"我们的地区和国家"第二节内容,人教版七年级下册主要是以区域地理的教学为主,在整本书中首先介绍我们所生活的大洲——亚洲,接着引导学生认识我们周边的邻国,最后除亚洲之外每一个大洲选取一个代表引领学生感受其大洲的风采。而东南亚是我们重要邻居和贸易区,其重要性不言而喻。

本节的课程标准共有5条:a.在地图上找出某地区的位置、范围、主要国家及首都,读图说出该地区地理位置特点;b.运用地形图归纳某地区地势和地形特点,解释其与当地人类活动的关系;c.运用地形图说出某地区河流对城市分布的影响;d.运用图表说出某地区气候的特点以及气候对当地农业生产和生活的影响;e.举例说出某地区发展旅游业的优势。

通过对课程标准进行解读,发现对"东南亚"一课有以下具体要求:a.关于东南亚的位置,需要利用世界地图和东南亚政区图,能从地图中获取该地区的空间位置、范围等信息,并能说出东南亚地理位置的特点——"十字路口"及其对海上贸易的重要意义。b.探讨其人口、粮食与环境的关系需要借助通过分析东南亚气温降水图,掌握这个地方的气候,运用地形图和地形剖面图,分析东南亚的地形与地势特点,并能说明其人口和农业沿河分布的原因;c.东南亚旅游资源丰富,要重点对东南亚的自然景观与人文景观进行综合分析。

通过解读课标,我们可以确定本节的核心素养目标。核心素养目标为:a.阅读地图,认识东南亚地理位置并了解东南亚"十字路口"对海上贸易的重要意义;描述东南亚的热带雨林气候和热带季风气候对农业生产的影响;b.运用地形图和地形剖面图,分析东南亚的地形与地势特点,并能说明其人口和农业沿河分布的原因;c.运用地图和相关资料,从水运的便利、水资源的分布、沿河地形平坦等方面分析东南亚的河流对城市分布的影响;d.对东南亚的自然景观与人文景观进行综合分析,通过生活性地理情景的引入,感受到地理就在身边,体会地理知识的实用价值,树立人类活动要与自然环境协调发展的人地观。

根据本节课程标准、核心素养目标和先行组织者设计原则,本书设计了本节教师先行组织者。图 3.10 为人教版七年级《地理》下册"东南亚先行组织者设计图"。

③ 澳大利亚

本节内容为人教版七年级《地理》下册第八章"东半球其他国家和地区"第四节内容,人教版七年级下册主要是以区域地理的教学为主,在整本书中首先介绍我们所生活的大洲——亚洲,接着引导学生认识我们周边的邻国,最后除亚洲之外每一个大洲选取一个代表引领学生感受其大洲的风采。澳大利亚是大洋洲的代表,也是我们重要的贸易国之一,通过学习可以帮助学生建立正确的世界观。

本节的课程标准共有四条:a.在地图上指出某国家地理位置、领土组成和首都;b.根据地图和其他资料概括某国家自然环境的基本特点;c.运用地图和其他资料,联系某国家自然条件特点,简要分析该国因地制宜发展经济的实例;d.举例说明某国家在自然资源开发和环境保护方面的经验、教训。

通过对课程标准进行解读,发现对"澳大利亚"一课有以下具体要求:

a.关于澳大利亚地区的位置,需要利用世界地图和澳大利亚政区图,能从地图中获取该地区的空间位置、范围等信息,并能说出澳大利亚地理位置的特点——其被称为"活化石"博物馆的原因;

b.澳大利亚地区自然资源丰富,被称为"骑在羊背上"和"坐在矿车上"的国家,那它对世界经济发展有何影响,这需要借助澳大利亚地区的资源分布图、澳大利亚进出口产品相关数据资料为教学做好充分的准备;

c.通过分析澳大利亚气温降水图、地形图,进而分析自然环境对其畜牧业的影响;

d.课标强调需要运用地图、图表和其他资料进行概括和总结,除了充分利用好课文中提供的地理图表和数据资料外,教师应适当补充和更新图表、数据资料等。

通过分析课标,我们可以确定本节的核心素养目标。具体教学目标为:a.了解澳大利亚独特的地理位置,从而进一步理解澳大利亚大陆动物古老性的成因;b.分析澳大利亚因地制宜发展农牧业、采矿业和冶金工业的实例,感悟因地制宜发展经济的意义;c.举例说出澳大利亚

第三章 M-ACK 地理课程教学模式

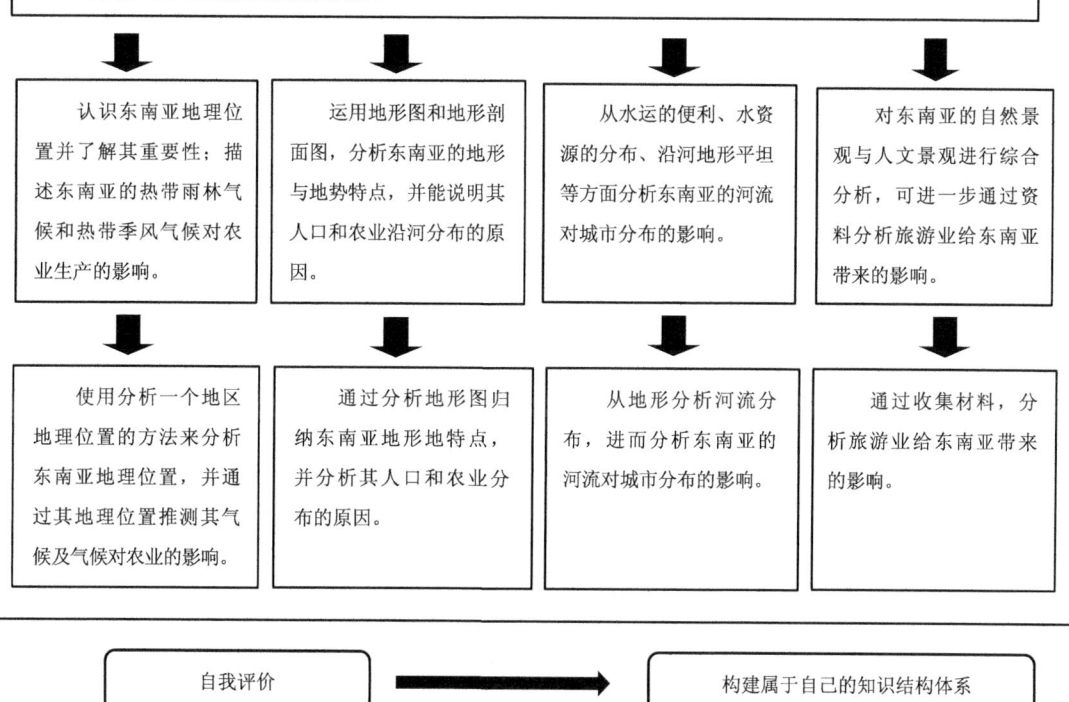

图 3.10 东南亚先行组织者设计图

在矿产资源开发和环境保护方面的经验,培养正确的资源观和环境观,初步树立人地协调发展观念。

根据本节课程标准、核心素养目标和先行组织者设计原则,本书设计了本节教师先行组织者。图 3.11 为人教版七年级《地理》下册"澳大利亚先行组织者设计图"。

④ 巴西

巴西是初中阶段学生学习的最后一个国家,学生已经具备学习国家地理的基础和经验。

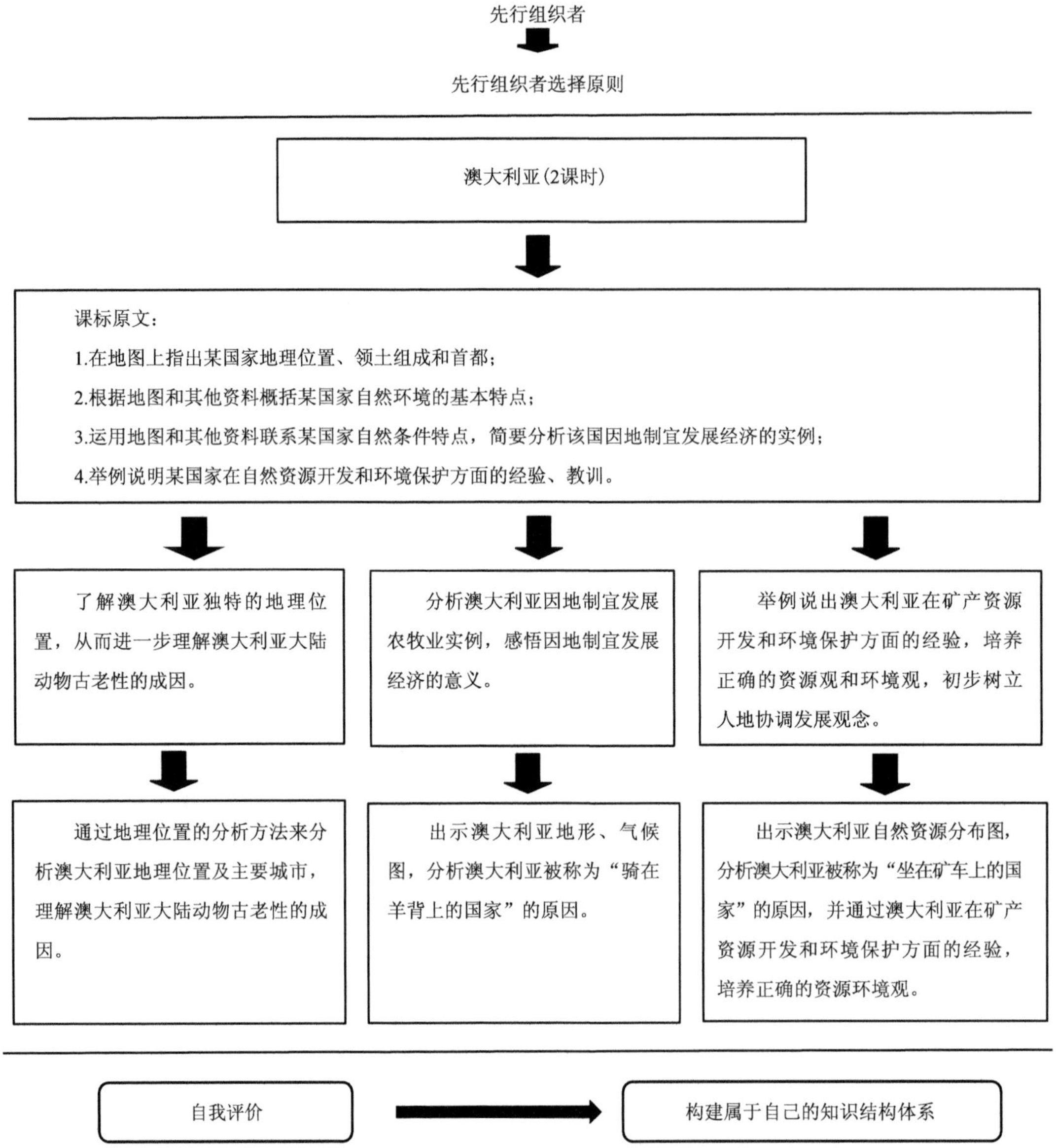

先行组织者

↓

先行组织者选择原则

澳大利亚(2课时)

↓

课标原文：
1.在地图上指出某国家地理位置、领土组成和首都；
2.根据地图和其他资料概括某国家自然环境的基本特点；
3.运用地图和其他资料联系某国家自然条件特点，简要分析该国因地制宜发展经济的实例；
4.举例说明某国家在自然资源开发和环境保护方面的经验、教训。

了解澳大利亚独特的地理位置，从而进一步理解澳大利亚大陆动物古老性的成因。	分析澳大利亚因地制宜发展农牧业实例，感悟因地制宜发展经济的意义。	举例说出澳大利亚在矿产资源开发和环境保护方面的经验，培养正确的资源观和环境观，初步树立人地协调发展观念。
通过地理位置的分析方法来分析澳大利亚地理位置及主要城市，理解澳大利亚大陆动物古老性的成因。	出示澳大利亚地形、气候图，分析澳大利亚被称为"骑在羊背上的国家"的原因。	出示澳大利亚自然资源分布图，分析澳大利亚被称为"坐在矿车上的国家"的原因，并通过澳大利亚在矿产资源开发和环境保护方面的经验，培养正确的资源环境观。

自我评价 → 构建属于自己的知识结构体系

图 3.11　澳大利亚先行组织者设计图

教学中要充分调动学生的主动性，让学生独立思考，提出问题。通过观察、分析、讨论、查找资料、论证等方法来体验知识形成的过程。教师只须适时引导，提供资料，答疑解惑。同时，注意培养学生的逻辑思维能力，形成系统的知识结构框架。在本节教材中以自然地理知识为基础，掌握巴西的地理位置，从而了解其人文地理情况。教学重点是归纳巴西的地理位置、地形、气候、河流等自然地理特征；分析巴西人口分布、人种构成以及多元文化特征及其影响；运用地图和资料，联系巴西的自然地理环境特征，分析巴西因地制宜发展经济的过程、特点。教学难点为结合巴西热带雨林开发与保护的现状，分析发展经济与保护环境的关系，树立热爱自然、保护资源的可持续发展观念。

本节的课程标准共有五条:a.在地图上指出某国家地理位置、领土组成和首都;b.根据地图和其他资料说出某国家的种族和人口的特点;c.运用地图和其他资料,联系某国家自然条件特点,简要分析该国因地制宜发展经济的实例;d.举例说出某国家在自然资源开发和环境保护方面的经验、教训;e.根据地图和其他资料说出某国家的种族和人口(或民族、宗教、语言)等人文地理要素的特点。

通过对课程标准进行解读,发现对"巴西"一课有以下具体要求:a.掌握分析巴西地理位置特点,并阐述其领土组成;b.根据地图和其他资料说出巴西的种族和人口的特点及其文化特点;c.运用地图和其他资料分析巴西工农业特征;d.用实例说明巴西热带雨林开发与保护中遇到的问题和解决措施。

通过分析课标,我们可以确定本节的核心素养目标。首先,区域认知目标为:a.知道巴西的地理位置、地形分布、主要气候类型以及河流等自然地理特点;b.理解巴西多元文化的形成过程以及影响;c.掌握巴西农业、工业发展的条件以及分布特点;d.知道热带雨林的环境效益及雨林被破坏后产生的环境问题。其次,综合思维目标为:a.通过读图、指图、绘图、填图、析图等过程,分析、归纳巴西的地理位置、面积、地形、气候、河流等自然地理特征和巴西人口分布特点;b.结合地形图、气候图、矿产图等资源,综合分析巴西农业、工业发展的条件,进一步掌握学习国家地理的一般方法。最后,人地协调观目标为初步形成因地制宜的发展思想和可持续发展的观念,逐步养成关心和爱护环境的行为习惯。

根据本节课程标准、核心素养目标和先行组织者设计原则,本书设计了本节教师先行组织者。图3.12为人教版七年级《地理》下册"巴西先行组织者设计图"。

⑤ 极地地区

本节内容是人教版七年级《地理》的最后一课,是"世界地理"的终结篇章。其主旨是通过了解极地地区特殊的地理环境,理解两极地区是科学考察宝地,增强学生的环境保护意识、全球意识和可持续发展的观念。学生已经掌握了一定的区域地理基础知识和学习方法,具备相应的知识背景,但仍需要借助形象直观的手段进行教学。因此,在教学中教师可以创设"明星QQ代言记"这一情境主线,把教材中"独特的地理环境""科学考察的宝地"和"极地地区的环境保护"三个框题转化为科普、科考、环保三个主题活动,把抽象的问题形象化,把感性的认识转化为理性的知识,从而调动学生的学习兴趣,通过观察、分析、讨论、查找资料、论证等方法来体验学习的乐趣。在本节教材中以自然地理知识为基础,掌握极地地区的地理位置,从而了解其环境保护的重要意义。教学重点是两极地区的位置、气候、自然环境、自然资源。教学难点是判断两极地区的方向,辨别周围环境;读图理解、区分两极地区自然环境的差异。

本节的课程标准共有两条:a.运用地图等资料简述某大洲的纬度位置和海陆位置;b.说出南、北极地区自然环境的特殊性,认识开展极地科学考察和保护极地环境的重要性。通过对课程标准进行解读,发现对《极地地区》一课有以下具体要求:a.关于极地地区的地理位置,需要利用世界地图和极地地区地形图,能从地图中获取该地区的空间位置、范围等信息,并能说出其地理位置的特点,分析其自然环境的特殊性;b.认识开展极地科学考察和保护极地环境的重要性。

通过分析课标,我们可以确定本节的核心素养目标。具体目标为:a.运用地图、景观图片和相关资料认识两极地区的位置范围、气候条件、自然环境、自然资源等,总结归纳两极地区的

图 3.12 巴西先行组织者设计图

环境特点及差异,掌握运用地图和相关资料说明某一地区位置特点的方法;b.掌握利用经纬网在以两极为中心的地图上判断方向的方法;c.通过对极地地区环境保护的讨论,增强学生的环境保护意识、全球意识和可持续发展的观念。

根据本节课程标准、核心素养目标和先行组织者设计原则,本书设计了本节教师先行组织者。图 3.13 为人教版七年级《地理》下册"极地地区先行组织者设计图"。

(3) 人教版八年级《地理》上册教师先行组织者策略

① 疆域

本节为人教版八年级《地理》上册第一章第一节内容。认识我国的地理位置和范围能够帮

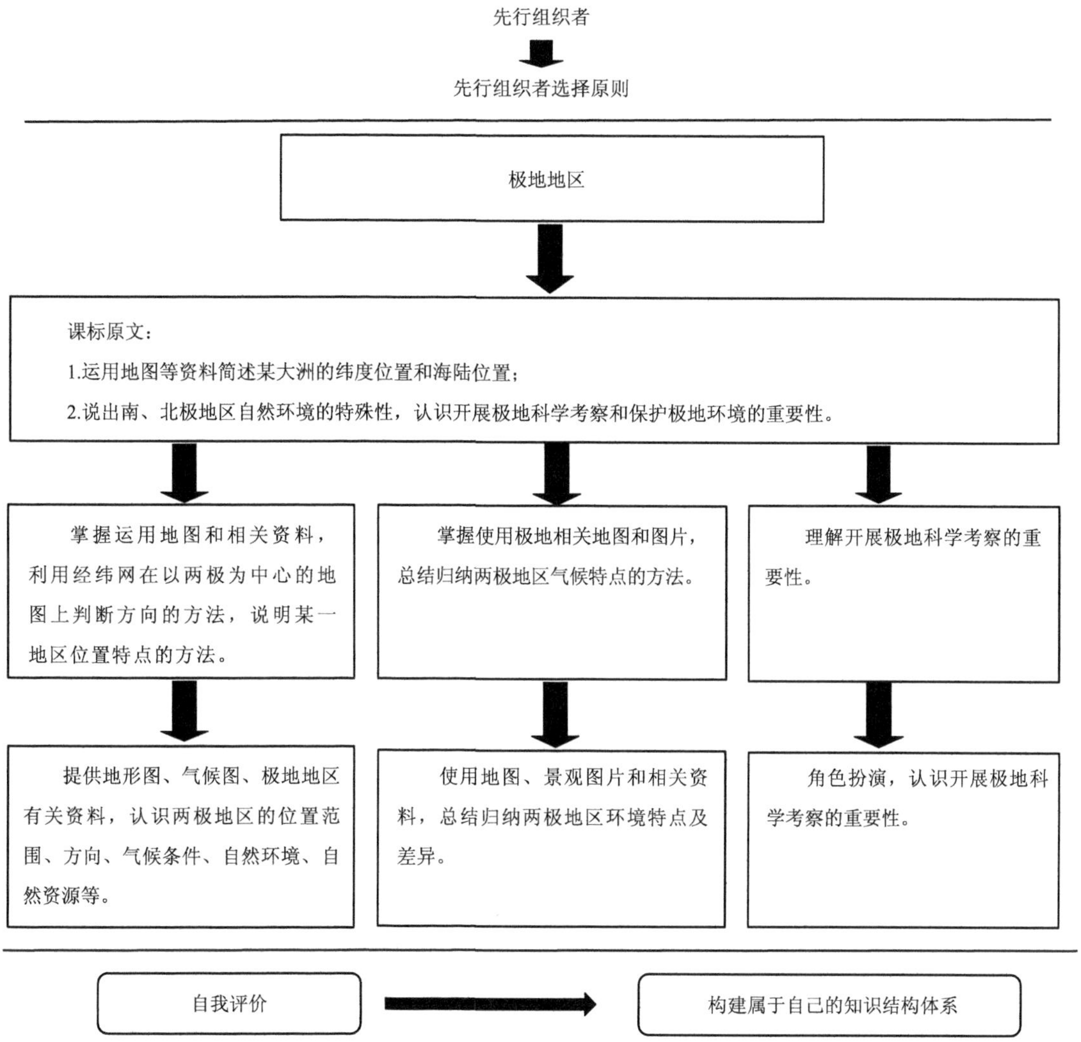

第三章　M-ACK 地理课程教学模式

图 3.13　极地地区先行组织者设计图

助学生认识我国自然地理环境特征、结构、区域差异和联系，从而进一步理解人类活动和自然环境之间的相互作用和影响，这也是认识我国基本国情的前提。掌握一个区域的地理位置和范围是需要将区域放到整个世界背景中来了解的，因此教材在八年级上册开篇第一章设计了"从世界看中国"，在第一节设计了"疆域"来讲述中国的地理位置和范围。

本节的课程标准共有三条：a. 运用地图说出我国的地理位置及其特点；b. 记住我国的领土面积，在地图上指出我国的邻国和濒临的海洋，认识我国既是陆地大国，也是海洋大国；c. 在我国政区图上准确找出 34 个省级行政区域单位，记住它们的简称和行政中心。

通过对课程标准进行解读，发现对"疆域"一课有以下具体要求：a. 要求学生能够通过分析地图掌握我国的纬度位置和海陆位置的特点，学会运用地球仪或东、西两半球地图说出我国的位置，分析我国的地理位置及其优越性，总结我国的位置特点；b. 知道我国的面积及其在地球上的地位，学会在亚洲地图上查阅我国陆疆和陆上邻国、海疆与濒临的海洋及海上邻国；学会在中国地图上查阅中国的四至,量算我国领土南北端之间、东西端之间的距离;学会运用世界地图及有关统计资料,比较中国和其他面积居世界前列的国家的面积大小和位置优劣;c. 在地图上找出我国的邻国和濒临的海洋,通过找寻活动认识到我国既是陆地大国,也是海洋大国,通过认识我国辽阔的领土和优越的地理位置,激发学生爱国之情、兴国之志,增强改革开放的意识;了解香港、澳门和台湾都是我国领土必不可少的一部分,使学生树立祖国统一大业必定实现的信念,培养学生维护祖国统一、保护祖国领土完整的神圣责任感;d. 要求学生能够在我国政区图上准确找出34个省级行政区域单位,教师可以通过顺口溜、改编歌曲、填图等活动帮助学生熟悉并尝试记住它们的位置、名称、简称和行政中心。

通过分析课标,我们可以确定本节的核心素养目标。核心素养目标为:a. 通过反复读图,掌握我国的位置、疆域,分析我国位置的优越性,知道我国的四至及邻国;b. 通过读图、析图掌握我国现行的三级行政区划及34个省级行政单位的全称、简称及行政中心,培养学生的读图能力及对地理事物分布的空间想象能力;c. 通过认识我国辽阔的领土和优越的地理位置,激发学生的爱国之情、兴国之志,增强改革开放意识,知道香港、澳门和台湾都是我国领土必不可少的一部分,培养学生维护祖国统一、实现祖国统一大业、捍卫国家领土完整的责任感。

根据本节课程标准、核心素养目标和先行组织者设计原则,本书设计了本节教师先行组织者。图3.14为人教版八年级《地理》上册"疆域先行组织者设计图"。

② 地形和地势

本节为人教版八年级《地理》上册第二章第一节内容。地形是主要且重要的自然地理环境要素,也是学习气候、河流等其他自然地理要素的基础。中国的地形特征对中国自然环境和经济发展有着重要的影响。所以,将地形作为中国自然环境的开篇。依据从感性到理性的认知规律,教材从学生可以感知的我国各类地形的景观图入手,逐步过渡到五种地形类型的面积比较图,最后延伸到较为专业的分层设色地形图和地形剖面图,这样有利于激发学生学习我国地形的兴趣,概括出我国地形、地势主要特征,进而分析说明地形、地势对我国自然环境和人类活动产生的影响。

本节的课程标准共有两条:a. 运用中国地形图概括我国地形、地势的主要特征;b. 初步说明地形要素在我国地理环境形成中的作用,以及对人类活动的影响;通过各种途径感知我国的地形,积累丰富的地形知识,增强对我国基本地形的好奇心,提高对我国不同地形的审美情趣,增强热爱祖国的感情。通过对课程标准进行解读,发现对"地形和地势"一课有以下具体要求:a. 要求能够从中国地形图中,找出我国山地、高原、盆地、平原和丘陵的地形名称,并且能够运用数据,说明我国地形的类型特点;能够说出我国主要山脉以及四大高原、四大盆地、三大平原和三大丘陵群的分布特点;能够结合中国地形图和地形剖面图,概括我国地形、地势的主要特征;b. 要求学生能够举例说明地形对我国自然环境的影响,对人们生产、生活的影响,增强保护环境、资源和遵守相关法律法规的意识,养成关心和爱护地理环境的行为习惯。

通过分析课标,我们可以确定本节的核心素养目标。核心素养目标为:a. 通过阅读课本中图2.1-1和图2.1-2,了解我国地势西高东低,呈阶梯状分布,地形多种多样,山区面积广大的基本特征,了解我国地势三级阶梯分布的特点,理解中国西高东低的地势对气候、河流、东西交通等方面产生的影响;b. 通过阅读课本中图2.1-3,识记我国主要山脉和地形区的名称和分布,了解中国的主要山脉走向及分布,了解我国的四大高原、四大盆地、三大平原的分

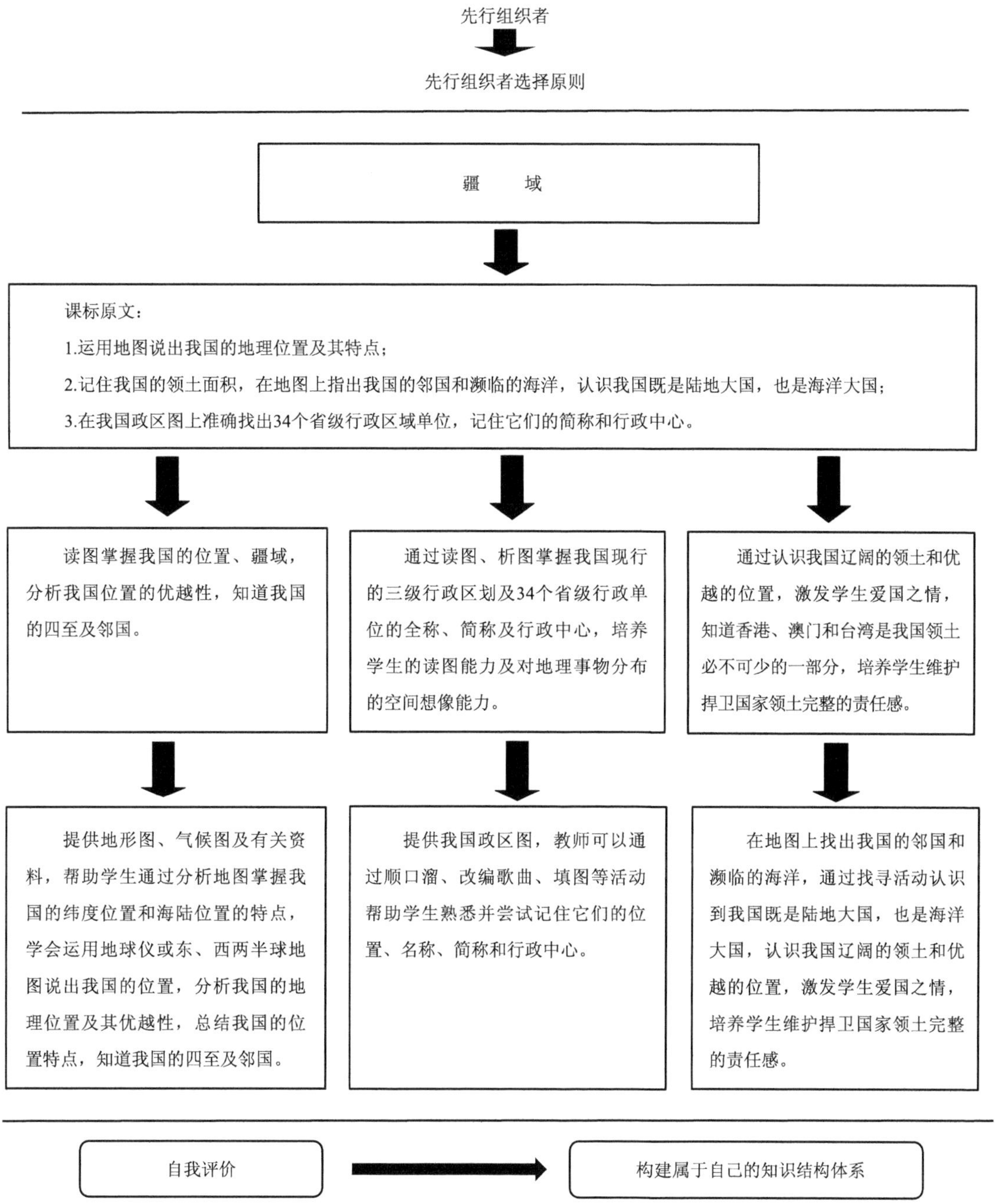

第三章　M-ACK 地理课程教学模式

```
                          先行组织者
                              ↓
                       先行组织者选择原则
─────────────────────────────────────────────────────
                    ┌─────────────────┐
                    │     疆　　域     │
                    └─────────────────┘
                              ↓
┌──────────────────────────────────────────────────┐
│ 课标原文：                                         │
│ 1.运用地图说出我国的地理位置及其特点；              │
│ 2.记住我国的领土面积，在地图上指出我国的邻国和濒临的海洋，认识我国既是陆地大国，也是海洋大国； │
│ 3.在我国政区图上准确找出34个省级行政区域单位，记住它们的简称和行政中心。 │
└──────────────────────────────────────────────────┘
```

读图掌握我国的位置、疆域，分析我国位置的优越性，知道我国的四至及邻国。	通过读图、析图掌握我国现行的三级行政区划及34个省级行政单位的全称、简称及行政中心，培养学生的读图能力及对地理事物分布的空间想像能力。	通过认识我国辽阔的领土和优越的位置，激发学生爱国之情，知道香港、澳门和台湾是我国领土必不可少的一部分，培养学生维护捍卫国家领土完整的责任感。
提供地形图、气候图及有关资料，帮助学生通过分析地图掌握我国的纬度位置和海陆位置的特点，学会运用地球仪或东、西两半球地图说出我国的位置，分析我国的地理位置及其优越性，总结我国的位置特点，知道我国的四至及邻国。	提供我国政区图，教师可以通过顺口溜、改编歌曲、填图等活动帮助学生熟悉并尝试记住它们的位置、名称、简称和行政中心。	在地图上找出我国的邻国和濒临的海洋，通过找寻活动认识到我国既是陆地大国，也是海洋大国，认识我国辽阔的领土和优越的位置，激发学生爱国之情，培养学生维护捍卫国家领土完整的责任感。

```
     ┌──────────┐                    ┌──────────────────────┐
     │  自我评价 │ ─────────────────→ │ 构建属于自己的知识结构体系 │
     └──────────┘                    └──────────────────────┘
```

图 3.14　疆域先行组织者设计图

布特点，培养学生阅读并运用分层设色地形图、地形剖面图的能力；c. 通过认识山川壮丽，激发学生的民族自豪感，认识我国地形条件利和不利两方面的情况，激发学生建设祖国的雄心壮志。

根据本节课程标准、核心素养目标和先行组织者设计原则，本书设计了本节教师先行组织者。图 3.15 为人教版八年级《地理》上册"地形和地势先行组织者设计图"。

M-ACK 地理课程的开发和应用

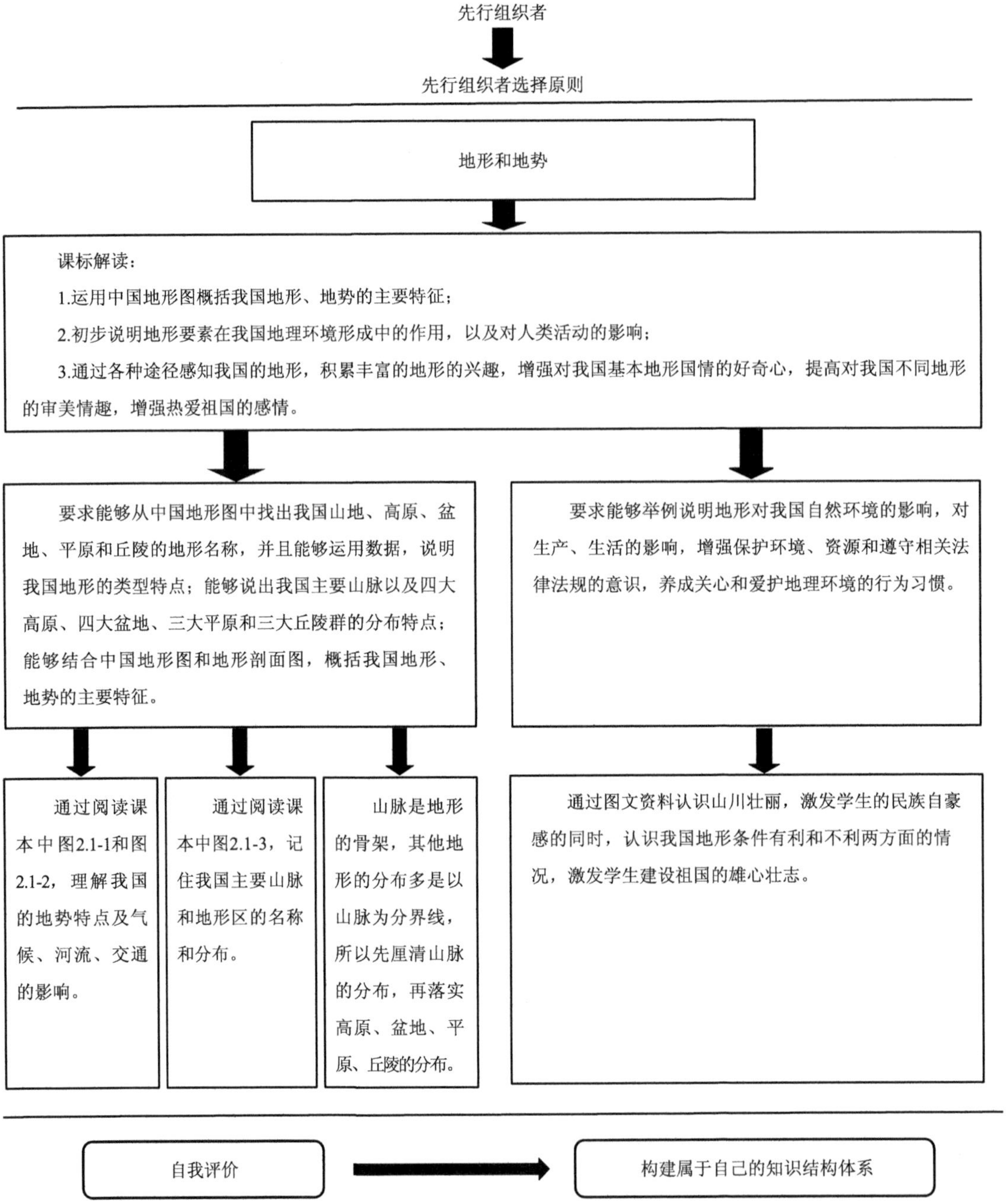

```
                        先行组织者
                            ↓
                      先行组织者选择原则
    ┌─────────────────────────────────────────┐
    │               地形和地势                  │
    └─────────────────────────────────────────┘
                            ↓
```

课标解读：
1.运用中国地形图概括我国地形、地势的主要特征；
2.初步说明地形要素在我国地理环境形成中的作用，以及对人类活动的影响；
3.通过各种途径感知我国的地形，积累丰富的地形的兴趣，增强对我国基本地形国情的好奇心，提高对我国不同地形的审美情趣，增强热爱祖国的感情。

| 要求能够从中国地形图中找出我国山地、高原、盆地、平原和丘陵的地形名称，并且能够运用数据，说明我国地形的类型特点；能够说出我国主要山脉以及四大高原、四大盆地、三大平原和三大丘陵群的分布特点；能够结合中国地形图和地形剖面图，概括我国地形、地势的主要特征。 | 要求能够举例说明地形对我国自然环境的影响，对生产、生活的影响，增强保护环境、资源和遵守相关法律法规的意识，养成关心和爱护地理环境的行为习惯。 |

| 通过阅读课本中图2.1-1和图2.1-2，理解我国的地势特点及气候、河流、交通的影响。 | 通过阅读课本中图2.1-3，记住我国主要山脉和地形区的名称和分布。 | 山脉是地形的骨架，其他地形的分布多是以山脉为分界线，所以先厘清山脉的分布，再落实高原、盆地、平原、丘陵的分布。 | 通过图文资料认识山川壮丽，激发学生的民族自豪感的同时，认识我国地形条件有利和不利两方面的情况，激发学生建设祖国的雄心壮志。 |

    自我评价 ────► 构建属于自己的知识结构体系

图 3.15 地形和地势先行组织者设计图

③ 自然资源的基本特征

本节为人教版八年级《地理》上册第三章第一节内容。自然资源是人类赖以生存和发展的物质基础，是地理环境的重要组成部分。我们需要设置相关内容来引导学生树立正确的资源观、环境观，认清我国自然资源总量大、人均少的现状，帮助学生形成保护和节约自然资源的意识。本节内容从什么是自然资源、自然资源的分类及特点、我国的自然资源概况三个方面进行介绍。本节内容是为了下两节——我国的土地资源和水资源的学习打下基础。

本节的课程标准共有两条:a.举例说明可再生资源和非可再生资源的区别;b.能正确认识我国的自然资源现状,树立节约和保护自然资源的行为意识。通过对课程标准进行解读,发现对"自然资源的基本特征"一课有以下具体要求:a.自然资源是地理环境的重要组成部分,是自然界中关系国家经济发展、产业布局、人民生活的重要因素之一。因此,要使学生从实际生产、生活的实例出发,从身边用到的、看到的物品出发,体会"自然资源与我们"的密切联系。在教材中"活动"部分安排学生从衣食住行各方面,举例说明自然资源与我们的生活密切相关,我们要充分利用教材挖掘学生的自身体验,这样符合学生的认知规律,便于学生由浅入深地学习自然资源的相关知识。b.教材举出实例阐述什么是自然资源?自然资源包括哪些基本的种类?并说明其"存在于自然界中,并对人类有利用价值"这两个基本属性。以课本中图3.1的四组图片为代表说明了自然资源从自然界中的原始状态到各种利用形式的转化。课本中图3.2以土地和小河流水的例子让学生体会可再生资源和非可再生资源的差别,并提出了对于不同种类的资源应有区别的进行合理利用和保护:对于可再生资源,要注意培育和保护;对于非可再生资源,要十分珍惜和节约使用。教材"活动"设计中安排学生对可再生资源是"取之不尽、用之不竭"的说法进行讨论。以此层层深入地把可持续发展的资源观渗透给学生。课本中图3.3以黄河断流、淮河水污染和土地荒漠化为内容,既说明了可再生资源如果不被合理利用和保护,就可能失去其"永续利用"的特性;又让学生感知我国自然资源和生态环境破坏严重的现实问题;引起学生对这类问题的关注,并培养学生保护资源、保护环境的意识。c.科学辩证地认识"地大物博"这个常用的形容词,对合理利用和保护我国的自然资源具有重要意义。在这一段课文中,通过数字说明、文字分析和阅读资料等形式,将我国资源另一特点"地大物博"突出客观地展示给学生。应让学生充分认识到我国"资源大国"的优势,特别是和上学期学习过的世界上一些资源贫乏的国家和地区进行对比(如日本、西欧),更可增强学生们的爱国热情,鼓励学生们富国强民的信心。同时,也应启发学生分析"人口大国"对以上优势的负面影响,对学生进行"危机教育"。课本中图3.4通过三个学生的对话将问题引向深入,提出了人口与资源的矛盾还将继续激化:一方面,由于我国人口基数大,人口还会不断大量增长;另一方面,生活水平和生产能力的提高,自然资源的消耗量也将持续增长。再加上我国资源利用不当、保护不力、管理不善等问题突出,导致破坏和浪费严重,更加剧了我国资源问题的严峻性。由此,节约资源、保护资源的重要性呼之欲出。教师要善用教材中的材料,避免刻板的说教。d.对于学生而言,环保教育的成果应落实在行动上,启发学生从自身体验出发,关注社会;从身边小事做起,参与环保;提出具有现实意义和可行性的行动计划和倡议,挖掘学生体验和生活经历,密切联系社会实践,启发学生学习的主动性。

通过分析课标,我们可以确定本节的核心素养目标。核心素养目标为:a.学生初步了解什么是自然资源,以及自然资源的分类;b.通过指导学生收集整理资料,从生活、生产实例出发,使学生了解自然资源与人类生产生活的密切联系和重要性,以及中国资源丰富、人均不足,且破坏严重的国情现状,培养学生分析问题的能力;c.教育学生树立十分珍惜、合理利用并倡导节约资源的崭新观念,培养资源保护意识。

根据本节课程标准、核心素养目标和先行组织者设计原则,本书设计了本节教师先行组织者。图3.16为人教版八年级《地理》上册"自然资源的基本特征先行组织者设计图"。

```
                    先行组织者
                       ↓
                先行组织者选择原则
         ┌──────────────────────────┐
         │     自然资源的基本特征        │
         └──────────────────────────┘
                       ↓
   ┌────────────────────────────────────────────┐
   │ 课标原文：举出实例说明可再生资源和非可再生资源的区别。  │
   └────────────────────────────────────────────┘
         ↓                                     ↓
```

从实际生产、生活的实例出发，从身边用到的、看到的物品出发了解什么是自然资源？自然资源包括哪些基本的种类？举出实例，说明其"存在于自然界中，并对人类有利用价值"这两个基本属性，体会"自然资源与我们"的密切联系。	科学辩证地认识"地大物博"这个常用的形容词，对合理利用和保护我国的自然资源具有重要意义。通过数字说明、文字分析和阅读资料等形式，将我国资源总量丰富，人均不足的突出特点客观地展示给学生，树立节约和保护自然资源的行为意识。

| 安排学生从衣食住行各方面，举例说明自然资源与我们的生活密切相关，充分挖掘学生的自身体验，说明可再生资源和非可再生资源的区别。 | 以课本中图3.1四组图片代表性地说明了自然资源从自然界中的原始状态到各种利用形式的转化。课本中图3.2以土地和小河流水的例子让学生体会可再生资源和非可再生资源的差别，并提出了对于不同种类的资源应有区别的进行合理利用和保护：对于可再生资源，要注意培育和保护；对于非可再生资源，要十分珍惜和节约使用。在"活动"课文中，又安排学生对可再生资源是"取之不尽、用之不竭"的说法进行讨论。以此层层深入地把可持续发展的资源观渗透给学生。课本中图3.3以黄河断流、淮河水污染和土地荒漠化为内容，既说明了可再生资源如果不被合理利用和保护，就可能失去其"永续利用"的特性，又让学生感知我国自然资源和生态环境破坏严重的现实问题；引起学生对这类问题的关注，并培养学生保护资源、保护环境的意识 |

```
   ┌──────────┐                  ┌──────────────────────┐
   │  自我评价  │ ───────────→    │ 构建属于自己的知识结构体系  │
   └──────────┘                  └──────────────────────┘
```

图 3.16 自然资源的基本特征先行组织者设计图

④ 农业

本节为人教版八年级《地理》上册第四章第二节内容。农业是我们的衣食之源，生存之本。农业是支撑国民经济建设与发展的基础产业。尤其对我们这个拥有近14亿人口的大国来说，农业的重要性不言而喻。而且，农业是受自然条件影响最显著的经济部门，随着社会经济的发展，农业的地区分布差异不仅与自然条件密切相关，还受社会经济条件的影响。现代农业的功能与传统农业相比更多元化，科学技术在现代农业发展中的作用越来越大。这些是课程标准的要求,也是学生必须了解的经济部门的内容。本节共分四个标题:"农业与我们""农业的地区分布""发展农业要因地制宜"和"我国农业面临的挑战与对策"。通过学习,学生要掌握农业的重要作用、我国农业分布状况、发展农业的策略和原则以及对我国农业今后的发展方向有一个较为全面的认识。

本节的课程标准共有四条:a.运用资料说出我国农业分布特点;b.举例说明因地制宜发展农业的必要性;c.举例说明科学技术在发展农业中的重要性;d.举例说明自然环境对我国具有地方特色的服饰、饮食、民居等的影响。通过对课程标准进行解读,发现对"农业"一课有以下具体要求:a.要求学生通过图文资料了解我国农业的发展现状和农业的重要性;b.要求学生读图和资料说出我国农业分布上的差异并简单分析造成这种差异的自然原因;c.要求学生通过实例分析理解因地制宜发展农业的必要性,知道如何才能因地制宜发展农业;d.要求学生通过资料认识到科学技术在发展农业中的重要作用,树立科技才能兴农的意识;e.要求学生通过本节学习能简单分析各地饮食文化与农业和自然环境的关系。

通过分析课标,我们可以确定本节的核心素养目标。核心素养目标为:a.能够运用地图和资料并联系实际,说明我国农业在地区分布上的差异,理解农业分布出现差异的原因,明确自然条件和社会经济条件是因地制宜发展农业的影响因素,培养阅读使用地图及图表资料、学会从图表中获取地理信息的能力;b.尝试运用已学过的我国地形、气候等方面的知识,分析理解我国东西部、南北方农业分布差异的原因,初步学会利用网络收集因地制宜和不因地制宜发展农业生产的实例技能,理解因地制宜发展农业的重要性;c.通过对发展农业要因地制宜地理解,使学生明确人类的生产活动一定要符合自然规律,这样才能实现农业的可持续发展,树立"粮食生产是关系我国国计民生的头等大事"的观念,树立保护环境的意识。

根据本节课程标准、核心素养目标和先行组织者设计原则,本书设计了本节教师先行组织者。图3.17为人教版八年级《地理》上册"农业先行组织者设计图"。

(4)人教版八年级《地理》下册教师先行组织者策略

① 中国的地理差异

本节为人教版八年级《地理》下册第五章内容。八年级主要学习"中国地理",本章内容既是对总论部分的总结,又是对分区部分的引领,因其内容更接近区域地理,所以安排为分区部分的起始篇。地理差异大是我国地理环境的突出特征,也是我国基本的地理国情。从宏观上说我国的地理差异具有明显的规律性。在有规律的地理差异的基础上,不同地域之间表现出显著的地理差异,即地域差异;人们按照一定的标准划分出不同的区域,不同区域之间存在显著的差异,即区域差异。本节主要说明三个问题:a.我国各个自然地理要素和人文地理要素在空间分布上差异显著并呈现有规律的递变;b.自然景观的分布与自然要素的分布相一致;c.划分地理区域的界限及其意义。

本节的课程标准共有两条:a.在地图上找出秦岭、淮河,说明"秦岭—淮河"一线的地理意义;b.在地图上指出北方地区、南方地区、西北地区、青藏地区四大地理单元的范围,比较它们的自然地理差异。通过对课程标准进行解读,发现对"中国的地理差异"一课有以下具体要求:a.要求学生能在地图上确定"秦岭—淮河"的位置并能从气温、降水、农业生产、人们生活、区域划分等方面说明"秦岭—淮河"一线的地理意义;b.要求学生说出四大地理单元的名称并在地图上通过重要的自然地理界限(如山脉、河流等),指出四大地理单元的范围,说出四大地理单

M-ACK 地理课程的开发和应用

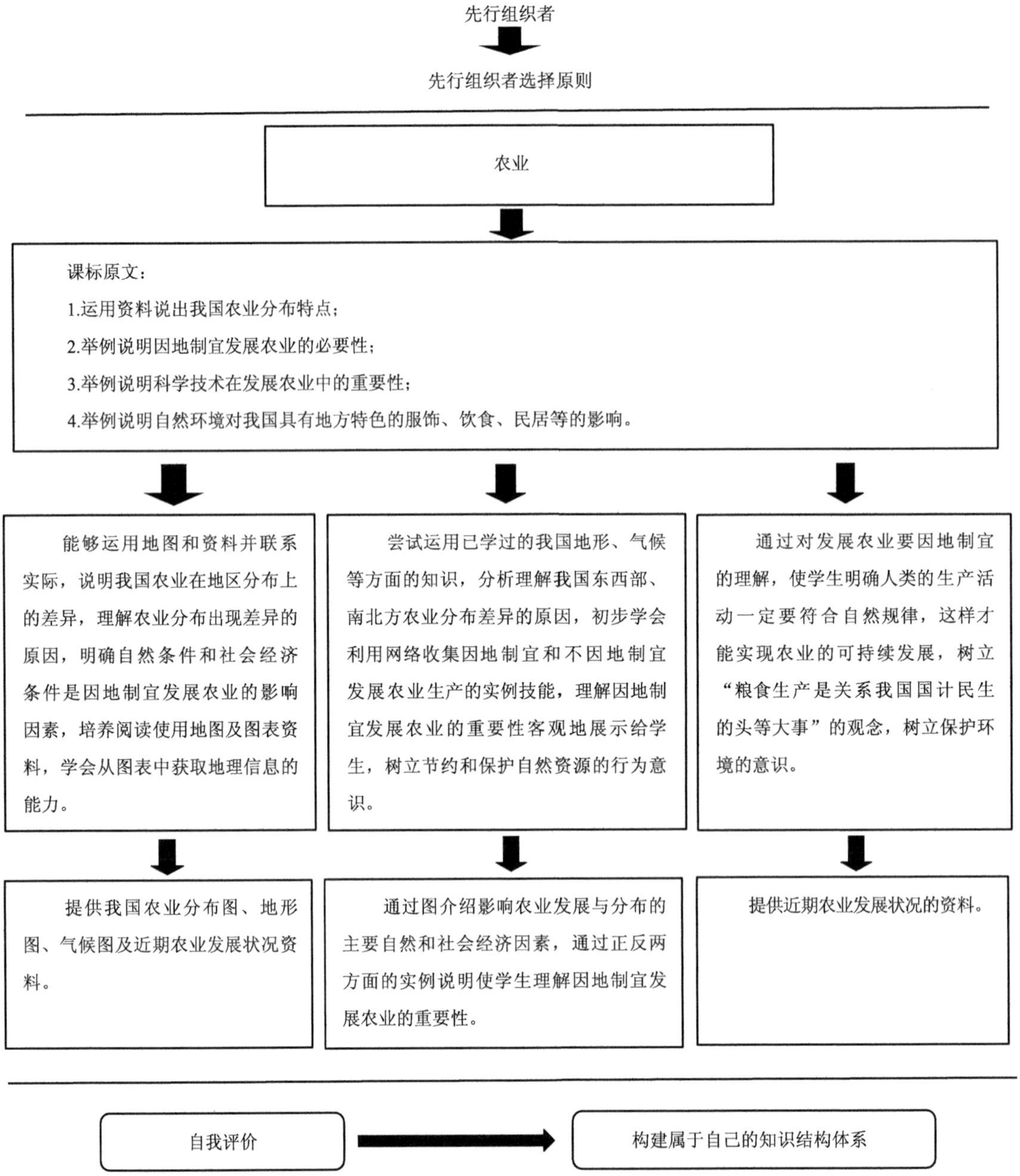

```
                          先行组织者
                              ↓
                        先行组织者选择原则
```

农业

课标原文：
1. 运用资料说出我国农业分布特点；
2. 举例说明因地制宜发展农业的必要性；
3. 举例说明科学技术在发展农业中的重要性；
4. 举例说明自然环境对我国具有地方特色的服饰、饮食、民居等的影响。

能够运用地图和资料并联系实际，说明我国农业在地区分布上的差异，理解农业分布出现差异的原因，明确自然条件和社会经济条件是因地制宜发展农业的影响因素，培养阅读使用地图及图表资料，学会从图表中获取地理信息的能力。	尝试运用已学过的我国地形、气候等方面的知识，分析理解我国东西部、南北方农业分布差异的原因，初步学会利用网络收集因地制宜和不因地制宜发展农业生产的实例技能，理解因地制宜发展农业的重要性客观地展示给学生，树立节约和保护自然资源的行为意识。	通过对发展农业要因地制宜的理解，使学生明确人类的生产活动一定要符合自然规律，这样才能实现农业的可持续发展，树立"粮食生产是关系我国国计民生的头等大事"的观念，树立保护环境的意识。
提供我国农业分布图、地形图、气候图及近期农业发展状况资料。	通过图介绍影响农业发展与分布的主要自然和社会经济因素，通过正反两方面的实例说明使学生理解因地制宜发展农业的重要性。	提供近期农业发展状况的资料。

| 自我评价 | → | 构建属于自己的知识结构体系 |

图 3.17　农业先行组织者设计图

元各自的突出地理特点和彼此间主要的地理差异。

通过分析课标，我们可以确定本节的核心素养目标。核心素养目标为：a. 读图、析图初步理解区域划分的依据，在地图上指出四大区域的地理位置、范围及划分原因，找出秦岭、淮河，并说明秦岭—淮河一线的意义，培养学生读图、析图能力和观察判断能力和主动探究能力；b. 通过联系前面所学知识进行读图分析的过程，培养学生知识迁移的能力，并认识到自然环境各要素之间相互影响、相互作用的关系，使学生初步掌握地理事物的划分方法；c. 通过本节课的教学,使学生更加热爱祖国的大好河山。

根据本节课程标准、核心素养目标和先行组织者设计原则,本书设计了本节教师先行组织者。图 3.18 为人教版八年级《地理》下册"中国的地理差异先行组织者设计图"。

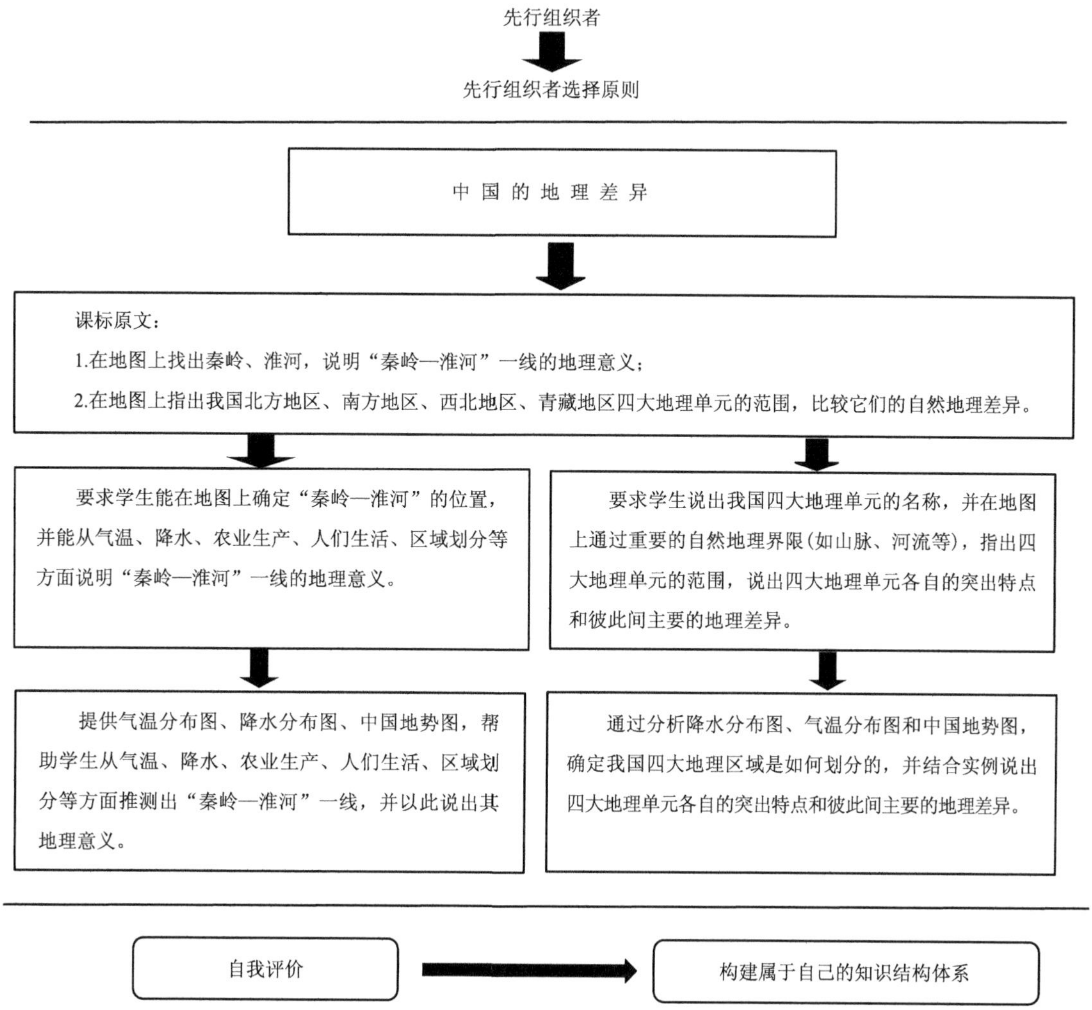

图 3.18 中国的地理差异先行组织者设计图

② 黄土高原

本节为人教版八年级《地理》下册第六章第三节内容。黄土高原是中国地理"认识区域"部分,继东北三省后教材选择讲述的第二个地理区域。前一节教材介绍的东北三省是一个以行政区域为基础划分的综合地理区域,又是教材讲述的第一个区域,因而要求学生比较全面系统地认识区域的地理特征,掌握学习区域地理的一般方法。在学生掌握了学习区域地理的一般方法的基础上学习本节内容。本节介绍的黄土高原则是一个以黄土景观为特色的特殊地形区,所以教材并没有面面俱到,而是突出其有别于其他区域的特殊性和差异性。这也是学生必须掌握的认识区域的重要方法。两节虽然在学习方法上有相似之处,但是在内容选择及设计思路等方面有明显的不同。

本节的课程标准共有五条:a.运用地图简要评价某区域的地理位置;b.举例说明自然环境对

我国具有地方特色的服饰、饮食、民居等的影响;c.在地形图上识别某区域的主要地形类型,并描述区域的地形特征;d.举例说明区域内自然地理要素的相互作用和相互影响;e.根据资料,分析某区域内存在的自然灾害与环境问题,了解区域环境保护与资源开发利用的成功经验。通过对课程标准进行解读,发现对"黄土高原"一课有以下具体要求:a.要求学生读图说出黄土高原的位置和范围并对其地理位置的特点和意义有一个初步的认识;b.要求学生能够结合相关资料认识黄土高原是华夏文明的重要发祥地之一,并能举例说明富有地方特色的"黄土风情"与黄土高原自然环境的关系;c.要求学生能够运用地形图、地形景观图等认识塬、梁、峁、川等多种多样的黄土地貌,说明黄土高原千沟万壑的地表特征,并能解释黄土的成因及黄土高原的形成;d.要求学生运用图文资料分析黄土高原水土流失严重的原因和危害,说明黄土高原植被、土质、降水、地形、河流等自然要素对水土流失的影响;e.要求学生能够结合图文资料,在分析水土流失及其危害的基础上通过实例进一步了解黄土高原环境综合治理的对策和水土保持的措施,并培养学生正确的人地观念。

通过分析课标,我们可以确定本节的核心素养目标。核心素养目标为:a.通过阅读地图说明黄土高原的地理位置,描述黄土高原所跨的省级行政区,并对黄土高原的地理位置做出简要评价,培养学生的读图、析图能力;b.通过读图和资料了解黄土高原上黄土物质的形成原因,了解黄土高原千沟万壑的地形、地貌特征,分析造成黄土高原水土流失严重的原因;c.认识黄土高原生态环境恶化、自然灾害频繁的自然和人为原因,并掌握相应的环境保护与资源开发的办法与经验,使学生认识到自然环境各要素之间相互作用、相互影响的复杂关系,从而培养学生正确的人地观和可持续发展观。

根据本节课程标准、核心素养目标和先行组织者设计原则,本书设计了本节教师先行组织者。图3.19为人教版八年级《地理》下册"黄土高原先行组织者设计图"。

③ 长江三角洲地区

本节为人教版八年级《地理》下册第七章第二节内容,在学完南方地区概况后,由本节进入南方地区具体区域的学习。教材改版之前是选择长江沿江地区作为南方地区的代表,后改成了长江三角洲地区。长江三角洲地区位于长江的下游地区,主要包括上海市、江苏省南部和浙江省北部。这里地形平坦,土壤肥沃,气候温暖湿润,河湖纵横,自古就是我国重要的粮食作物产区和淡水鱼产区,因此被称为"鱼米之乡"。优越的自然环境使得长江三角洲地区物产丰富,一直是我国的富庶之地。经济的繁荣带动了城市、交通和文化的发展,这里是我国城市化发展最快、城市最密集的地区之一。长江三角洲地区又处在我国东部的"黄金海岸"和长江"黄金水道"的交汇处,对内、对外联系都十分便利。良好的农业、工业和人文基础使长三角地区的经济发展一直位居全国前列,是我国最大的综合性工业基地。

本节的课程标准共有五条:a.运用地图简要评价区域的地理位置;b.举例说出河流在区域发展中的作用;c.举例说出区际联系对区域经济发展的意义;d.以某区域为例,说明区域发展对生活方式和生活质量的影响;e.结合有关资料说明我国地方文化特色对旅游业发展的影响。通过对课程标准进行解读,发现对"南方地区自然特征与农业"一课有以下具体要求:a.学生能够运用长江三角洲地区地图评价该地地理位置的优越性;b.学生能够结合资料说出河流在长三角地区发展中的作用,并能迁移运用到其他区域;c.学生能够举例说明长三角地区经济发展对其周边地区、人们生活方式和生活质量的影响及意义;d.要求学生能够结合有关资料说明长江三角洲地区独特的地方文化特色对当地旅游业发展的影响。

第三章 M-ACK地理课程教学模式

先行组织者

↓

先行组织者选择原则

黄土高原

↓

课标原文：
1. 运用地图简要评价某区域的地理位置；
2. 举例说明自然环境对我国具有地方特色的服饰、饮食、民居等的影响；
3. 在地形图上识别某区域的主要地形类型，并描述区域的地形特征；
4. 举例说明区域内自然地理要素的相互作用和相互影响；
5. 根据资料，分析某区域内存在的自然灾害与环境问题，了解区域环境保护与资源开发利用的成功经验。

↓ ↓ ↓

| 通过阅读地图，说明黄土高原的地理位置，描述黄土高原所跨的省级行政区，并对黄土高原的地理位置做出简要评价，培养学生的读图、析图能力。 | 通过读图和资料，了解黄土高原上黄土物质的形成原因，了解黄土高原千沟万壑的地形、地貌特征，分析造成黄土高原水土流失严重的原因，给学生树立节约和保护自然资源的行为意识。 | 认识黄土高原生态环境恶化、自然灾害频发的自然和人为原因，并掌握相应的环境保护与资源开发的办法与经验，使学生认识到自然环境各要素之间相互作用、相互影响的复杂关系，从而培养学生正确的人地观和可持续发展观。 |

↓ ↓ ↓

| 帮助学生运用地形图找出黄土高原地形，并总结其地理位置特点，运用视频和图片介绍"黄土风情"，注意引导学生观察黄土高原自然环境。 | 运用图片和实验说明黄土高原千沟万壑的地表特征，并解释黄土的成因及黄土高原的形成，运用实验说明水土流失的危害，并结合实例说明其自然要素对水土流失的影响。 | 学生自行查阅资料，了解黄土高原环境综合治理的对策和水土保持的措施。 |

自我评价 → 构建属于自己的知识结构体系

图 3.19 黄土高原先行组织者设计图

通过分析课标,我们可以确定本节的核心素养目标。核心素养目标为:a.通过阅读地图,认识长江三角洲地区优越的地理位置和得天独厚的自然条件,培养学生对地图信息的认定、获取、分析及评价能力;b.通过阅读长三角地区部分城市气温和降水统计图表,认识长江三角洲地区内主要地理差异,以及河流在区域发展中的作用,认识长江对沿江地带的纽带作用和其他条件所形成的城市群和产业基地以及沿江地带南北的辐射作用;c.通过本节内容学习,使学生初步树立区域内协作、共同发展和区际公平的可持续发展的观念。

根据本节课程标准、核心素养目标和先行组织者设计原则,本书设计了本节教师先行组织者。图3.20为人教版八年级《地理》下册"长江三角洲先行组织者设计图"。

④ 西北地区自然特征与农业

本节为人教版八年级《地理》下册第八章第一节内容,是西北地区的概述,主要讲述西北地区的自然环境的特征,以及自然环境对生产、生活的影响。本节教材分为两个板块,第一个板块为"草原和荒漠",从西北地区的景观入手,介绍西北地区自然环境最突出的自然特征——干旱;第二个板块为"牧区和灌溉农业区",主要介绍在干旱的自然环境下,西北地区农业生产所具有的突出特色——牧业和灌溉农业比较发达。

本节的课程标准共有三条:a.在地图上指出北方地区、南方地区、西北地区、青藏地区四大地理单元的范围;b.比较四大地理单元的自然地理差异;c.用事例说明四大地理单元的自然地理环境对人们生产、生活的影响。通过对课程标准进行解读,发现对《西北地区自然特征与农业》一课有以下具体要求:a.要求学生运用西北地区的地形图,找出西北地区与南方地区、北方地区、青藏地区的界线,指出西北地区的范围,并说出西北地区的主要地形组成;b.要求学生掌握西北地区独特的自然地理特征——干旱,了解西北地区干旱的表现、形成的原因及变化规律;c.要求学生了解西北地区受干旱气候的影响,其农牧业生产和生活的特点。

通过分析课标,我们可以确定本节的核心素养目标。核心素养目标为:a.运用地图明确西北地区的范围和地形特点,分析本区"干旱"的自然地理特征及其对其他地理特征形成的影响,理解西北地区自然景观的递变规律,并初步探讨其成因;b.明确西北地区牧区的分布及其特点,分析西北地区的自然特征及气候与地形、植被、河流的相互关系及对人们生产、生活的影响,用联系的观点认识地理环境各要素间的对立统一关系;c.培养学生认识、了解祖国的热情和爱国主义思想。

根据本节课程标准、核心素养目标和先行组织者设计原则,本书设计了本节教师先行组织者。图3.21为人教版八年级《地理》下册"西北地区自然特征与农业先行组织者设计图"。

⑤ 三江源地区

本节为人教版八年级《地理》下册第九章第二节内容。在上一节认识青藏地区总体区域地理特征的基础上,本节深入学习一个具有典型地理特征的区域——三江源地区。三江源地区有两个显著的特点:第一,三江源地区是三江——长江、黄河和澜沧江的源头汇水区,是由于该区域高海拔、气候严寒、多湖泊和沼泽等自然地理要素相互作用和影响的结果;第二,三江源地区生态环境的变化不仅影响其自身的生态环境质量,而且影响黄河、长江和澜沧江中下游乃至全国的生态环境质量。

第三章 M-ACK 地理课程教学模式

```
                    先行组织者
                        ↓
                先行组织者选择原则
```

```
                     长江三角洲
                        ↓
```

课标原文：
1. 运用地图简要评价区域的地理位置；
2. 举例说出河流在区域发展中的作用；
3. 举例说出区际联系对区域经济发展的意义；
4. 以某区域为例，说明区域发展对生活方式和生活质量的影响；
5. 结合有关资料说明我国地方文化特色对旅游业发展的影响。

通过阅读地图，认识长江三角洲地区优越的地理位置和得天独厚的自然条件，培养学生对地图信息的认定、获取、分析及评价能力。	通过阅读长三角地区部分城市气温和降水统计图表，认识长江三角洲地区内主要地理差异，以及河流在区域发展中的作用，认识长江对沿江地带的纽带作用和其他条件所形成的城市群和产业基地，以及沿江地带南北的辐射作用。	结合有关资料，说明长江三角洲地区独特的地方文化特色对当地旅游业发展的影响，培养学生可持续发展观。
通过分析地图，掌握长江三角洲的地理位置，结合实例评价长江三角洲的地理位置优越性。	运用长江、京杭运河、黄海和东海以及支流水系等实例说明河流对区域发展的重要性。结合活动"成都平原"帮助学生了解河流不同河段对区域发展的影响，以交通、经济、城市发展的实例作为落脚点，说明长三角地区经济发展对人们生产、生活方式和生活质量的影响	设计活动，让学生深刻体会水乡文化特色旅游经典的魅力。

```
    自我评价    →    构建属于自己的知识结构体系
```

图 3.20 长江三角洲先行组织者设计图

图 3.21 西北地区自然特征与农业先行组织者设计图

本节的课程标准共有两条:a.举例说明区域内自然地理要素的相互作用和相互影响;b.根据资料,分析某区域内存在的自然灾害与环境问题,了解区域环境保护与资源开发利用的成功经验。通过对课程标准进行解读,发现对"三江源"一课有以下具体要求:a.要求学生能够通过分析地形图说明三江源地区高海拔的地势、高寒的气候、广布的雪山冰川、星罗棋布的湖泊、沼泽之间的相互作用和相互影响,并能够据此说明三江源地区是多条大河源头的自然原因;b.要求学生根据三江源地区环境问题的图文资料,分析三江源地区存在的突出环境问题,理解保护三江源地区生态环境的重要性,了解三江源地区保护江河源地与生态环境的成功经验。

通过分析课标,我们可以确定本节的核心素养目标。核心素养目标为:a.指图说出三江源地区所在省区及三江名称,了解三江源地区被誉为"中华水塔"的原因以及高原湿地的重要作用;b.了解三江源地区生态环境恶化的原因、保护措施及方法,用联系的观点认识地理环境各要素间的对立统一关系,从而理解三江源保护区在生态环境中的重要意义;c.激发地理学习兴趣,关心我国江河发源地,增强因地制宜、区域共谋发展的观念以及环保意识,帮助学生树立人地协调发展、可持续发展的观念,提高学生的核心素养。

根据本节课程标准、核心素养目标和先行组织者设计原则,本书设计了本节教师先行组织者。图3.22为人教版八年级《地理》下册"三江源先行组织者设计图"。

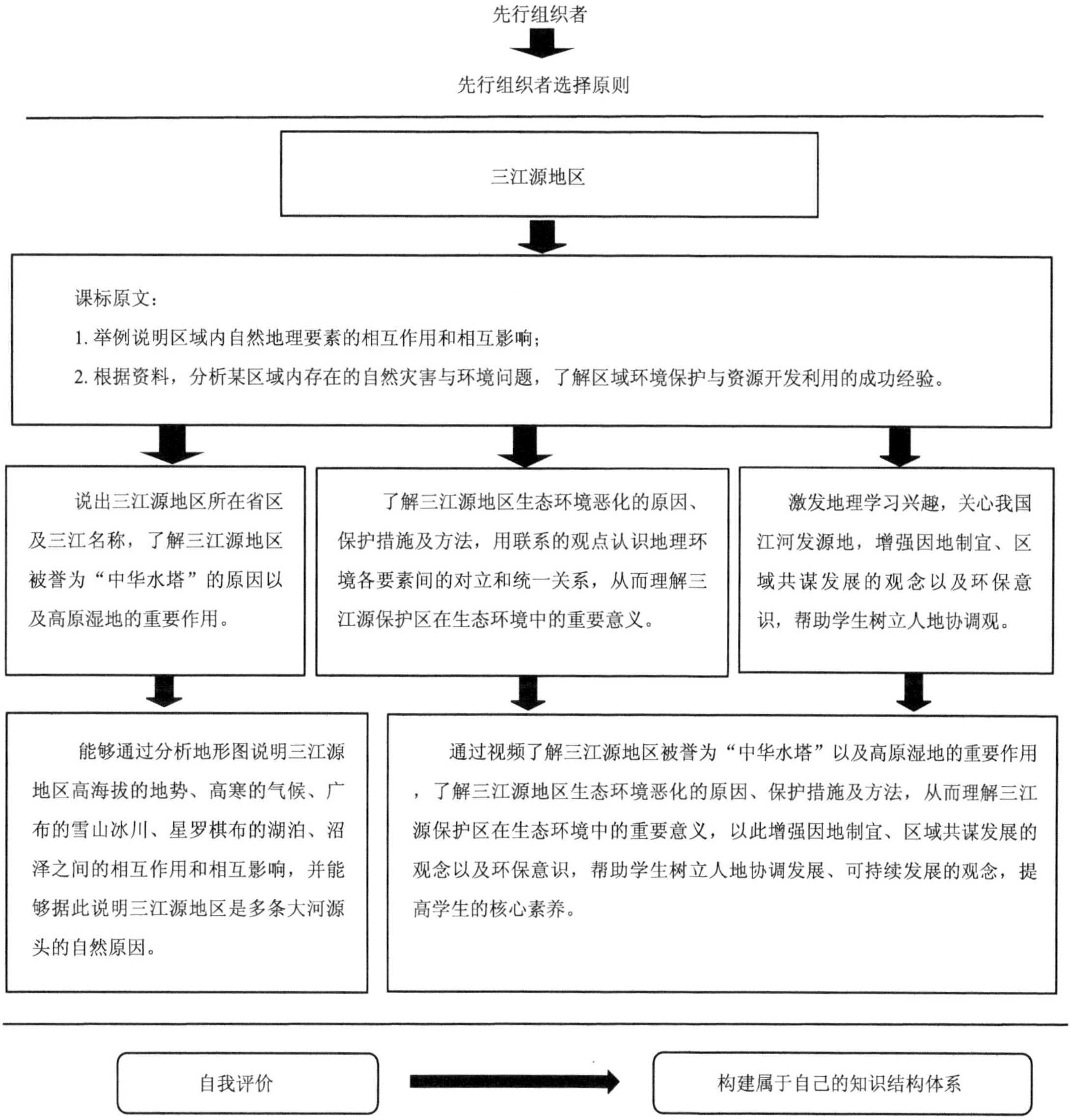

图 3.22 三江源先行组织者设计图

⑥ 中国在世界中

本节为人教版八年级《地理》下册第十章内容。本章设置了三个板块——"举世瞩目的发展成就""发展中面临的挑战"和"做负责任的大国"。本节的课程标准共有两条:a.关心我国的基本地理国情,增强热爱祖国的情感;b.了解中国与世界的联系。通过对课程标准进行解读,发现对"中国在世界中"一课有以下具体要求:a.学生需要了解我国的发展成就;b.学习通过案例从地理视角认识我国发展中面临的挑战;c.要求学生通过实例了解我国是如何做负责任的大国的。

通过分析课标,我们可以确定本节的核心素养目标。核心素养目标为:a.了解我国的基本国情和取得的发展成就,知道中国可持续发展面临的挑战;b.巩固复习有关中国区域地理相关的内容,培养学生分析资料归纳总结的能力;c.激发地理学习兴趣,关心祖国,增强学生的民族自信心、民族自豪感和复兴中华的责任感。

根据本节课程标准、核心素养目标和先行组织者设计原则,本书设计了本节教师先行组织者。图3.23为人教版八年级《地理》下册"中国在世界中先行组织者设计图"。

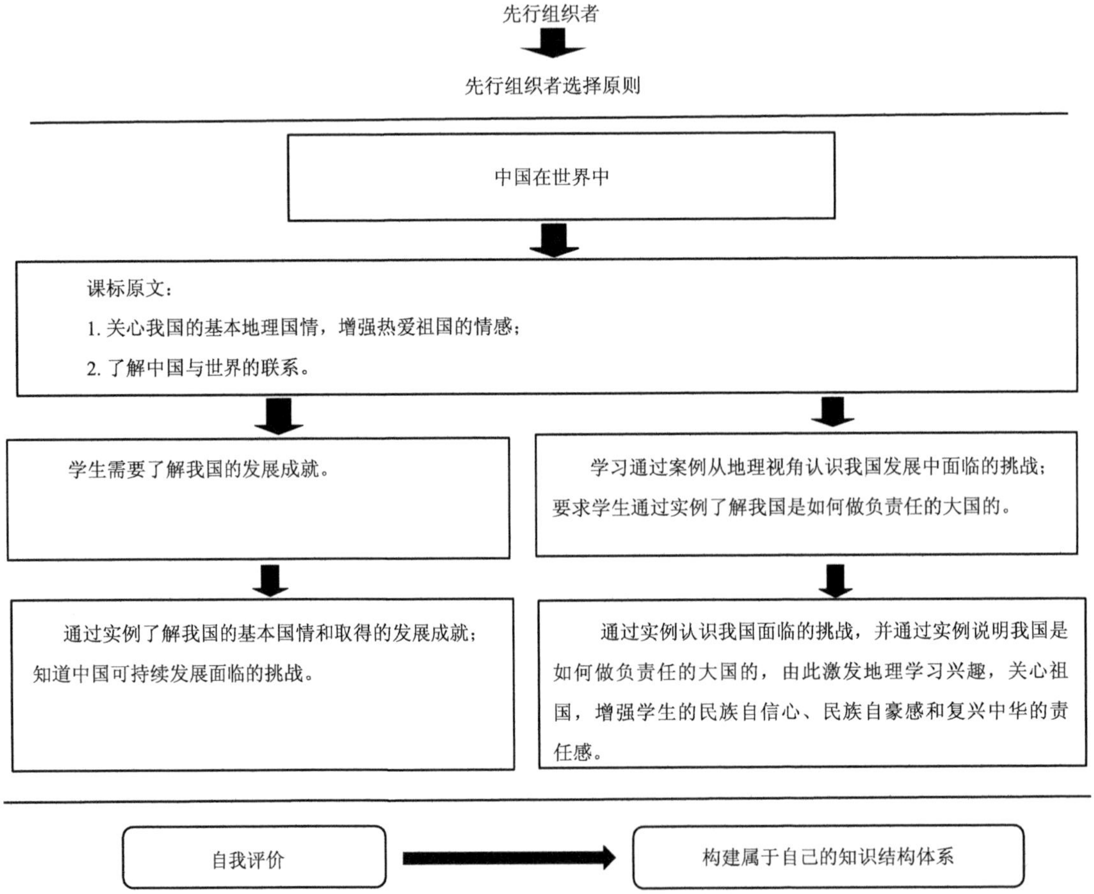

图3.23 中国在世界中先行组织者设计图

2. 学生先行组织者策略

每个学生的原有知识或经验都是不同的,为了方便教师使用先行组织者,本书设计了先行组织者学生表,表中含有教材中主要的图表,这样既能让同学们通过分析对所学新内容有所了解,又能从图表中初步感知分析问题所需的逻辑思维方式。与此同时,每个章节的学生先行组织者图表中都含有与学生以往经验相关的部分,学生通过完成图表就能将自己以往零碎的经验与新知识相联系,与此同时,教师也会根据学生所填内容了解学生以往经验,从而更好地帮助他们搭建新旧知识之间的桥梁。本书选取 4 个例子进行详细叙述。

(1) 人教版七年级《地理》上册学生先行组织者策略——以"聚落"为例

根据分析可知,学生原有经验主要包含三个部分:a. 乡村和城市在景观上的差别;b. 知道一些世界文化遗产;c. 知道一些影响聚落形成的条件。而本节内容学生需要具备的经验为:a. 城市景观和乡村景观的差别;b. 聚落与自然环境有何关系的实例;c. 详细了解某个世界文化遗产。根据学生原有经验、应具备经验和先行组织者设计原则,本书设计了本节学生先行组织者图。图 3.24 为人教版七年级《地理》上册"人类的聚居地——聚落学生先行组织者图"。

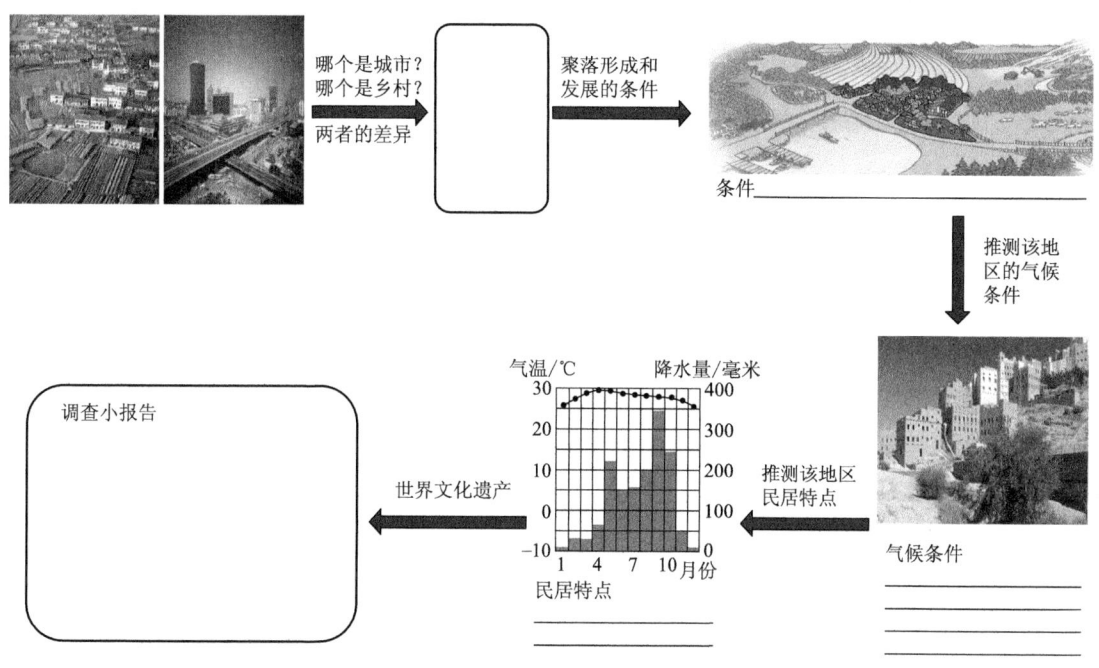

图 3.24　人类的聚居地——聚落学生先行组织者图

(2) 人教版七年级《地理》下册学生先行组织者策略——以"极地地区"为例

根据分析可知,学生原有经验主要包含四个部分:a. 分析一个地区地理位置和范围的方法;b. 如何分析一个地区的气候特征;c. 经纬网的相关知识;d. 大洲大洋的相关知识。部分同学对极地地区了解较深,而本节内容学生需要具备的经验为:a. 一个地区地理位置和范围的方法;b. 极地地区的气候特点;c. 经纬网在以两极为中心的地图上判断方向的方法;d. 极地地区环境状况。根据学生原有经验、应具备经验和先行组织者设计原则,本书设计了本节学生先行组织者图。图 3.25 为人教版七年级《地理》下册"极地地区学生先行组织者图"。

(3) 人教版八年级《地理》上册学生先行组织者策略——以"自然资源的基本特征"为例

根据分析可知,学生原有经验主要包含三个部分:a. 知道某些自然资源的名称;b. 对可再生资源和非可再生资源之间的区别有所了解;c. 在日常生活中有节约和爱护自然资源的意识。而本节内容学生需要具备的经验为:a. 知道并了解常见自然资源;b. 知道资源分为可再生资源

M-ACK 地理课程的开发和应用

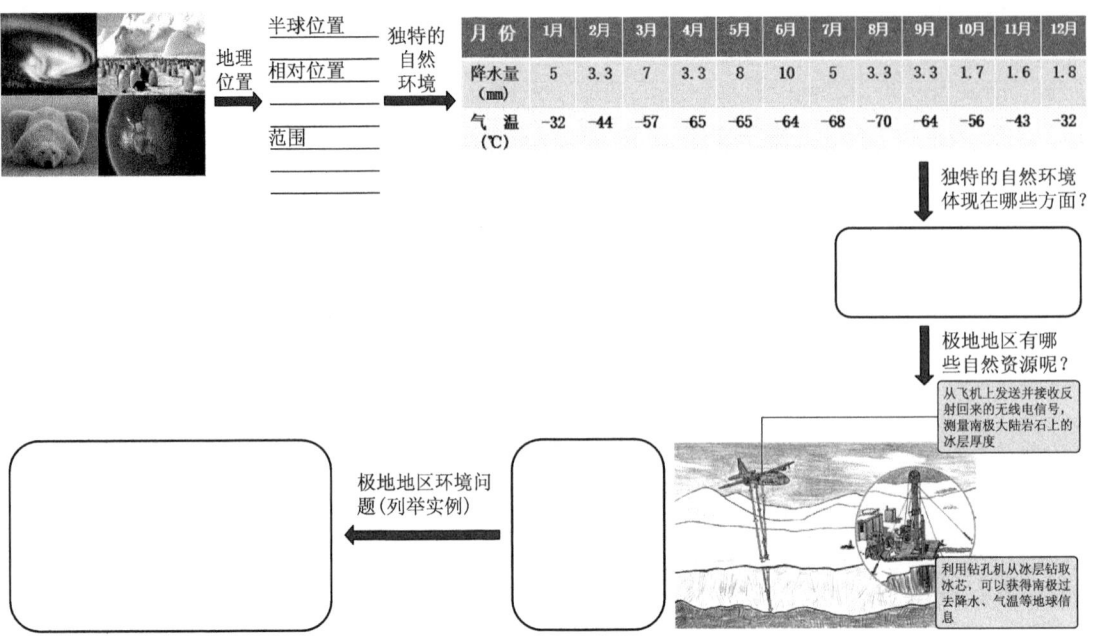

图 3.25 极地地区学生先行组织者图

和非可再生资源;c.在日常生活中有节约和爱护自然资源的意识。根据学生原有经验、应具备经验和先行组织者设计原则,本书设计了本节学生先行组织者图。图 3.26 为人教版八年级《地理》上册"自然资源的基本特征学生先行组织者图"。

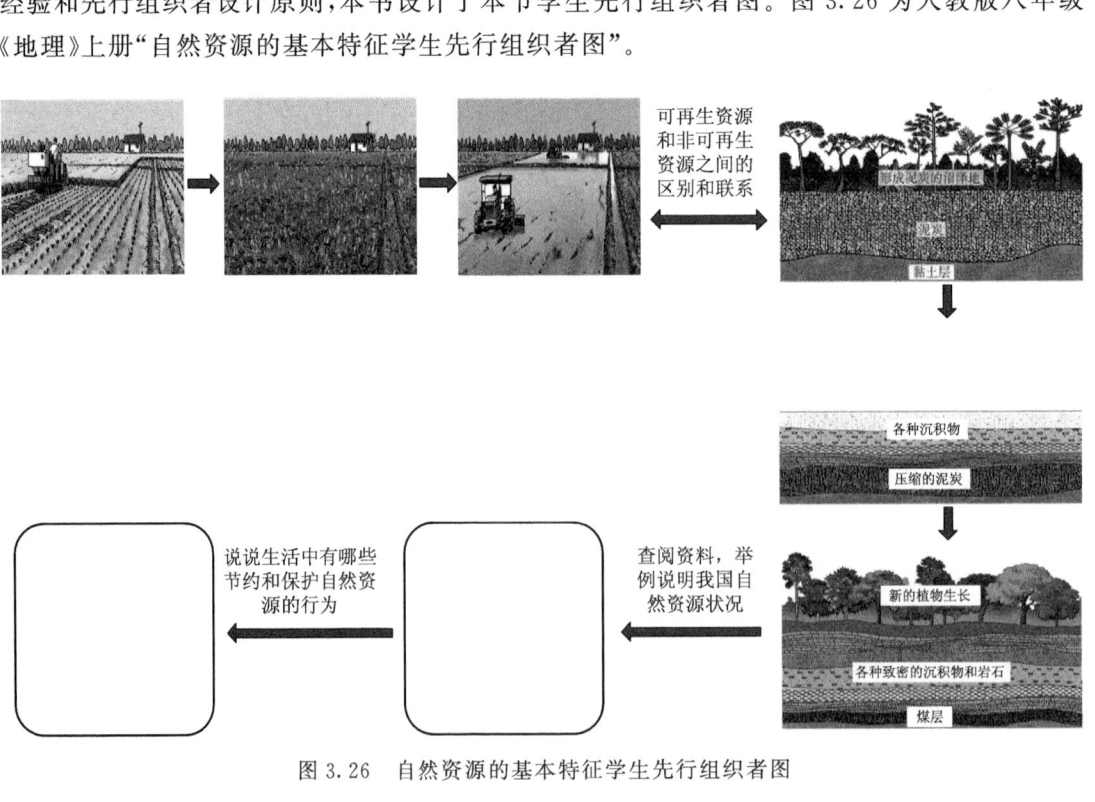

图 3.26 自然资源的基本特征学生先行组织者图

(4) 人教版八年级《地理》下册学生先行组织者策略——以"中国在世界中"为例

根据分析可知,学生原有经验主要包含三个部分:a. 绝大部分学生通过《厉害了,我的国》了解了我国举世瞩目的发展成就;b. 部分同学关心时事,了解我国是如何做负责任的大国的一些实例。而本节内容学生需要具备的经验为:a. 对我国举世瞩目的发展成就有所了解;b. 了解我国的基本国情;c. 我国对国际社会所作出的贡献有所了解。根据学生原有经验、应具备经验和先行组织者设计原则,本书设计了本节学生先行组织者图。图 3.27 为人教版八年级《地理》下册"中国在世界中学生先行组织者图"。

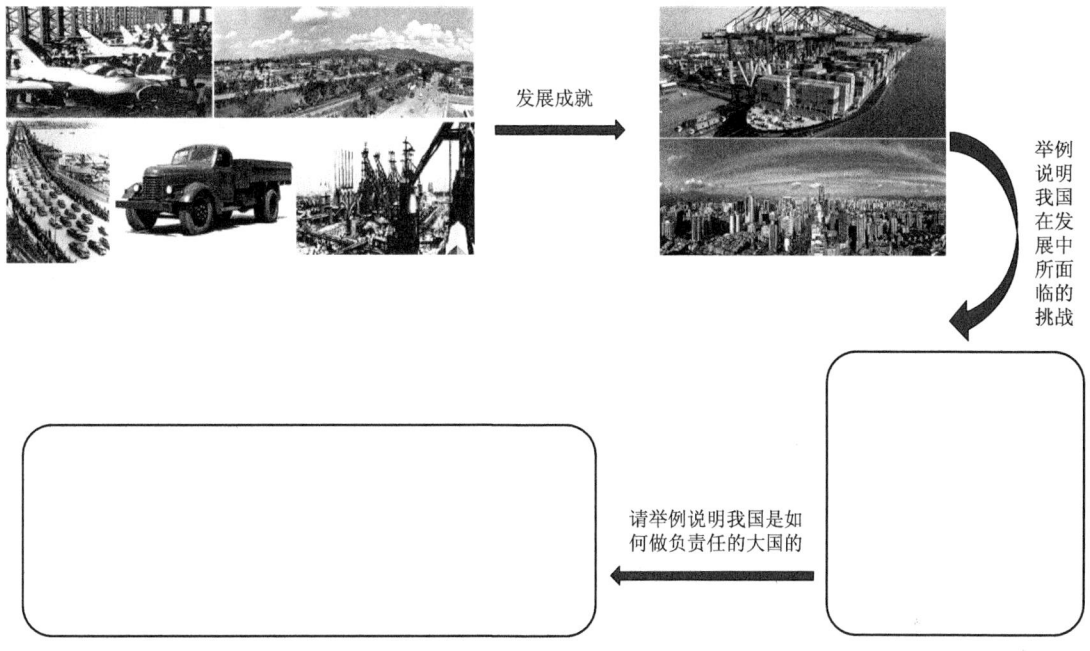

图 3.27　中国在世界中学生先行组织者图

(二)C—认知构建策略

学习者接受知识的过程等同于新旧经验在大脑中重新构建的过程。学习者应先在自身知识结构中找到与新知识相关联的有关知识,再找到新旧知识的异同点,通过比较分析明确新旧概念之间的区别,并进行积极的思维活动,使知识不断系统化。知识在认知重构过程会形成下位、上位和并列结合关系,并相应提出三种构建模式:下位构建、上位构建和并列结合构建。初中阶段所有适用于认知建构策略的内容已在本章第一节阐述过,这里不再赘述。以下是三种认知构建学习案例。

1. 下位构建

当新观念比学习者已有认知结构中与之相关的观念所含范围和概括水平低时,这就使这种新旧知识构成一种类属学习——下位构建。下位构建包含两种形式——派生下位构建和相关下位构建,这两种构建形式分别是由派生类属过程和相关类属过程形成的。例如,学习者掌握了地形的概念之后,再学习高原、平原、山地、盆地、丘陵的概念时便使得原有的概念得到进一步验证,使得学习者自身的概念得到扩展,这就是一种派生下位构建。又如,当学生掌握了南水北调是我国解决水资源空间分布不均的有效措施之后,再学习俄罗斯通过管道向中国输送天然气这种跨国调配工程时,这种学习就会使得学生原有的资源跨区域调配工程的命题得到了扩展和深化,这就是一种相关下位构建。

本节下位构建案例是以人教版七年级《地理》"日本"这一节中的"多火山、地震的岛国"为例。本节的教学目标包括三个:a.通过观察地图,能够分析出日本的地理位置,并从其地理位置得出其多火山地震的原因;b.通过地图和资料,讨论评析日本这个岛国的地理环境的优劣;c.通过防震演习,让同学们树立正确对待灾害的态度。教学重点包括日本的地理位置和其多火山、地震的原因。

在教学过程中,当学习到日本地理位置这一内容时,由于同学们通过亚洲这一章的学习掌握了学习地区地理位置的方法,而日本的地理位置与地区地理位置之间构成一种类属关系,也就是新知识的学习与学生原有知识构成一种类属关系,即下位关系。所以在新知识学习之前,先请同学们回忆分析一个地区的地理位置是从哪几个方面来分析的,然后再让同学们根据这个方法分析日本的地理位置(图 3.28)。

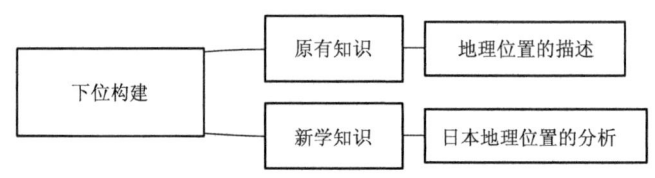

图 3.28　下位构建——以日本地理位置为例

当学习到日本多火山地震的原因这一内容时,七年级上学期学习过大陆板块的知识,知道板块交界处易发火山地震,因此本节课的知识基础是学生已经熟知的,板块知识作为上位知识,日本多火山地震的原因作为下位知识,新知识的学习与学生原有知识构成一种类属关系,即是下位关系。所以在学习新知识时,先请同学们回忆板块知识,然后再请同学们分析日本多灾害的原因(图 3.29)。

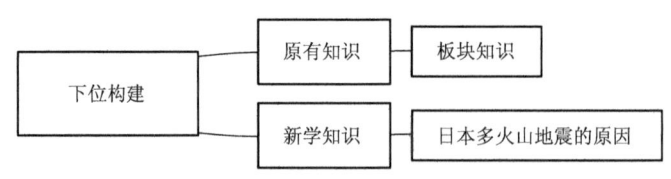

图 3.29　下位构建——以日本灾害为例

2. 上位构建

当学习者的认知结构中已经形成了几个概念,现在新的学习要在几个原有概念的基础上理解一个包摄程度更高的概念时,便使新旧知识之间产生上位关系。例如,学生学习了"热带季风气候""亚热带季风气候""温带季风气候"的特点之后,再学习季风气候的特点;学生在比较学习了亚洲与北美洲的地理差异之后,再来掌握有关区域差异的比较方法。当新知识所含范围和总括程度比原有经验高,新知识需要通过把一系列已有观念包含于其下而获得意义,这就属于上位构建或总括构建。

本节上位构建是以人教版七年级《地理》第六章的"亚洲位置和范围"中的"亚洲地理位置"为例。本节的教学目标为：a. 能够运用地图等资料简述亚洲的纬度位置和海陆位置及半球位置，初步掌握运用地图和相关资料说明某一大洲位置特点的方法，并以北美洲为例与亚洲对比分析；b. 通过读图、析图的方法结合地图分析亚洲、北美洲所处的半球位置、纬度位置和海陆位置，进而归纳总结出掌握一个大洲地理位置特点的方法；c. 通过学习亚洲的位置和范围，明确我们所生活大洲的地理位置和地位，进而培养学生对我们所在的大洲——亚洲的热爱之情及自豪感。教学重点包括亚洲的地理位置及其优越性。

在学习亚洲地理位置这一内容时，由于学生在七年级《地理》上册已经掌握了经纬度的判读、半球的划分和七大洲四大洋等知识，而这些内容是分析一个地区地理位置的基础，从某种程度上可以看出，新知识的概括水平和包摄性都比原有知识更高、更广。新学知识总括了学生已有知识（概念或命题）。因此，两者之间产生上位构建（图 3.30）。

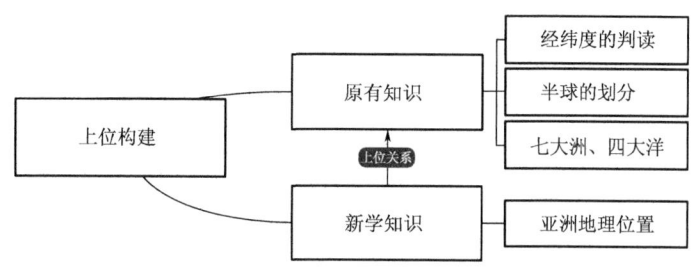

图 3.30　上位构建——以亚洲地理位置为例

3. 并列结合构建

当学习者新旧经验之间既不存在上位关系，也不构成下位关系，但是两者之间有相似性、可比性，我们可以将这种学习称为并列结合构建。例如，学习等深线、等高线和等温线之间的相似性，纬度与气温之间的关系，地形与降水之间的关系等，它们之间只是存在某些相似的关键特征，但不能形成上位关系或下位关系，而是具有并列结合关系，这就属于并列结合构建。

本节的并列结合构建案例是以人教版七年级《地理》中的"澳大利亚"为例。本节的教学目标包含三个：a. 澳大利亚自然条件与它的经济发展的关系是我们需要掌握的，我们可以通过教学生学会运用地图和相关资料来达到；b. 通过对地理信息（包括图标、地图）进行辨析、综合，获得的学习地理知识和方法的能力；c. 通过学习澳大利亚自然条件与它的经济发展的关系，从而理解自然环境对人类发展的重要性，懂得人地关系协调发展的重要性。本节重点是以澳大利亚畜牧业为例，从澳大利亚的自然环境出发阐述其畜牧业发达的原因。

在学习"澳大利亚畜牧业发达的原因"这一内容过程中，由于学生在前两节学到了欧洲西部发达的畜牧业，知道了畜牧业发达所需要的自然条件，这就为学习澳大利亚的畜牧业做了一定的铺垫。可见原有知识和新知识形成一种内容相关，但不是上、下位关系的并列结合的联系（图 3.31）。

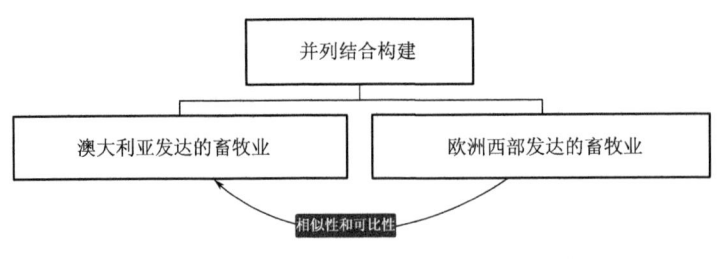

图3.31 并列结合构建——以澳大利亚为例

(三)K—整合策略

真正掌握知识是发生在学生将所学知识纳入自己整体的知识结构之时,这也是教师在课程快结束时对所学内容进行总结的目的。但是,在日常教学中无论是教师总结、学生总结或师生共同总结大多都是在简单地重复课堂所学,无法真正帮助学生将所学知识纳入自己的知识体系之中。而M-ACK地理课程整合法就能够通过整合新旧知识有效帮助学习者构建自己的知识体系。M-ACK地理课程整合方式有两种,第一种是编剧式整合法;第二种是格子整合法。

1. 编剧式整合法

在长期对教育学理论学习与教学实践探索的过程中,常会见到一些教师简单粗暴的逼学生死记硬背而导致师生都身心俱疲的情况,作者很怀疑这种学习是否真的有意义。强大的记忆力是可以通过培训习得的,只要学习者专心致志、全心投入、给学习内容加入意义就可以习得。如让学习者记住人名Baker和面包师baker,绝大多数的人都会记住面包师baker。究其原因,是因为对于大多数人来说,面包师有更多的意义,能产生更多地联想。由于基本上每个人都有良好的视觉和空间想象力,因此作者总结出编剧式整合法。编剧式整合法能有效帮助学习者将一些杂乱无章的信息用编剧的方式转化成有意义的、跟自己脑海里其他知识相连接的信息。

(1)运用编剧式整合法的四个步骤

① 选择一张地图

这张地图可以是所学内容的地图,也可以是你非常熟悉的地方的地图;这张图可以是平面的,也可以是立体的。编剧式整合法的有效性取决于这张地图能否轻易再现在你的脑海中。

② 列出本节所有需要掌握的知识点

学习者通过学习列出本节所学的知识点,结合学习目标,将知识点补充完整。观察知识点,寻找知识点之间的逻辑关系。

③ 编写剧本

学习者以本节知识点为基础,结合地图进行本节的剧本编写。

④ 使用地图

完成编剧之后,学习者基本掌握了大致的知识点,但是如果学习者是新手,就需要通过走行程的方式将故事在头脑中演练一次,增强形象思维。需要注意的是,故事越有逻辑性、故事人物越有戏剧性,学习者就会记得越好。

(2)编剧式整合法案例

①"东南亚"课程案例

本书编剧式整合法案例选取的第一个主题是人教版七年级《地理》下册第七章第二节"东南亚"。在整合之前,学习者应首先选择一张地图。在本案例中学习者选择的是东南亚地图。然后根据学习目标列出本节的知识点,最后进行编剧式整合和地图使用。教师可以先给学生提供整合表,具体如图 3.32 所示。

图 3.32 东南亚知识整合编剧表

根据课上所学,学生列举出本节需要掌握的知识点为东南亚地理位置及其"十字路口"对海上贸易的重要意义;东南亚的热带雨林气候和热带季风气候对农业生产的影响;东南亚的地形与地势特点;东南亚人口和农业沿河分布的原因;东南亚的河流对城市分布的影响;旅游业给东南亚带来的影响。根据自己列举的知识点,学生结合自己选择的地图进行编剧,以下就是其中一位同学的创作。

本的旅游日记
—— 东南亚之旅

作者:冯程

在广袤无垠的亚欧大陆上,有一个重要的海上通道,它位于 $23.5°N \sim 10°S$,$90°E \sim 140°E$,包括中南半岛和马来群岛两大部分。这里被誉为"十字路口",处于马来半岛和苏门答腊岛之间的马六甲海峡,被称为海上生命线,是欧洲、非洲与东南亚、东亚各港口最短航线的必经之地,是连接太平洋与印度洋的重要海上通道,据专家预测,一旦这儿关闭,全球近一半的海上运输将受到影响。没错,就是东南亚。

本是一位地理爱好者,他听说东南亚自然风光充满热带气息。多数国家海岸线漫长,海岛众多,形成了许多著名的海滨旅游与度假胜地。东南亚各国历史悠久,多元民族文化并存,佛教、伊斯兰教、基督教等文化景观多姿多彩,名胜古迹众多,风土人情多样,世界各地的游客慕名而来。"塞西尔!"本不耐烦地叫起来。塞西尔是他的助手,小伙子忠心耿耿,本每次出行都

M-ACK地理课程的开发和应用

由他陪同,塞西尔缓慢地应答道。东南亚绝大部分位于热带,主要是热带雨林气候和热带季风气候,这两种气候都具有全年高温的特点。这毒辣的太阳让塞西尔的脚步慢了下来,他们从中南半岛向马来西亚进发,中南半岛上山脉、大河多由北向南延伸,具有山河相间、纵列分布的特点。不知走了几天,终于来到马来西亚。塞西尔实在热得不行,忽然他看见前面有户人家,便兴冲冲地跑了过去。开门的是位叫佛拉芒猜的姑娘,塞西尔向姑娘问候之后表明来她家的原因:身上的水没有了,想向她借些水。姑娘给了他们几个椰子,说道:"你们是外地人吧?你们来这儿干嘛呀?"本告诉了佛拉他们来这儿的目的,佛拉说她可以带他们参观一下。看着眼前的这棵树,本惊叹道:"好大一棵棕榈树啊,怎么也得五六米吧!"佛拉:"是的,棕榈树最高可达七米,你们知道吗?湿热的气候条件使得东南亚成为世界重要的热带经济作物生产基地之一。东南亚是世界上天然橡胶、棕榈油、椰子和蕉麻的最大产地。油炸方便面所用的油多为棕榈油。棕榈油是从油棕树上的棕果中取出来的。东南亚的热带雨林地区适宜种植油棕,由于棕榈油的生产具有巨大的经济价值,东南亚的大片雨林被砍伐,变成了油棕种植园。棕榈油的产量提高了,人们赚到了更多的钱。然而,生活在雨林中的红猩猩却丧失了栖息地。英国的一个红猩猩保护协会警告,以当前油棕种植园扩张的速度,野生红猩猩可能在不久的将来永远从地球上消失。"塞西尔说:"姐姐,你不仅漂亮,懂得还挺多啊!"佛拉说:"过奖了哟,我以前是导游,这些都是必备功课,你们不是要去马六甲海峡转转吗?走吧,上车!"时间过得挺快,似乎没多久就到了,塞西尔说:"真壮观啊,船真多啊!"本又犯起了职业病,介绍道:"马六甲海峡每天有数百艘船只进出,非常繁忙。但是,海峡较为狭窄,还有礁石和小岛,这影响了海上交通安全。""我知道!我知道!它的西北端通安达曼海,东南端连接南海,这就是马六甲海峡。海峡全长约1080千米,西北部最宽达370千米,东南部最窄处只有37千米。"本自信地说道。欣赏完马六甲海峡,塞西尔就有些躁动了,直呼肚子饿。本则是嫌弃他只知道吃,佛拉热情地说:"去我家吧,给你们尝尝我的厨艺。"塞西尔开心地跳来跳去,然后他们就打道回府了。回到佛拉家后,佛拉开始忙了起来,本记述着在马六甲发生的故事,塞西尔等不及就吃起椰子来。过了会儿,饭终于好了。佛拉说:"好,吃饭吧!"塞西尔说:"我开动了!(吧唧吧唧)嗯~这米饭好香好软糯啊!"佛拉说:"那是当然!东南亚是世界著名的稻米生产和出口地区。东南亚大部分地区土地肥沃,高温多雨,适宜水稻生长,水稻种植的历史也较为悠久,大米是我们的传统食物。"是时候回去了,他们道完谢就起身离开了。

本在他的日记上写道:通过这次东南亚旅行,我收获了许多知识。例如:马六甲海峡、红猩猩的故事,以及东南亚的自然风光。但让我记忆最深刻的还是马六甲海峡了,它是这个世界上必不可少的一条海峡,也是重要的国际贸易港口,如果还有机会,我还要再去探索一番。

②"澳大利亚"课程案例

本书编剧式整合法案例选取的第二个主题是人教版七年级《地理》下册第八章第四节"澳大利亚"。在本案例中学习者选择的是澳大利亚地形图,选择的人物是同学们都比较熟悉的动漫人物——超级飞侠乐迪。根据课上所学,学生列举出本节需要掌握的知识点为澳大利亚独特的地理位置,理解澳大利亚大陆动物古老性的成因;澳大利亚因地制宜发展农牧业、采矿业和冶金工业的实例;澳大利亚在矿产资源开发和环境保护方面的经验。根据自己列举的知识点,学生结合自己选择的地图进行编剧,以下就是其中一位同学的创作。

乐迪游世界
——澳大利亚

作者:邓乐婷

  今天乐迪的任务是给一位澳大利亚的小朋友送快递,"乐迪给你介绍一下。"总部的声音响起,"澳大利亚大致位于10°S~44.9°S,112°E~153°E。"在经过长途跋涉之后,乐迪来到了澳大利亚,"哇,澳大利亚真美啊!"乐迪从上空中飞下来到了那位小朋友的家门口,"砰砰"地敲响了小朋友的门。"你好,我是乐迪,每时每刻准时送达。"乐迪在门里听见了嗒嗒的声音,"吱呀"一声门开了。"你好,我是乐迪,这是你的快递。"小朋友名叫小明,小明在地上拆开了快递,"哇,是我的袋鼠拳套!"乐迪好奇地凑过去看了看,"哇,这是什么?"乐迪说。小明已经戴上了拳套,说道:"这是袋鼠拳套,袋鼠是我们国家的一种动物,是动物界的跳远名将,除此之外,我们国家还有许多特有生物,如憨态可掬的树袋熊、鸣声悦耳的琴鸟、高大的桉树等。我们澳大利亚特有生物是在地球演化过程中留下来的古老物种。它们虽然原始,但是却成为人类研究地球演化历史的活化石。所以我国又被称为'世界活化石博物馆'。""这可真神奇呀!"乐迪说,"那你买这个来有什么用呢?""我们这里要举办一个快问快答活动,要求必须佩戴我国特有的标志。""那我们一起去吧。"乐迪说,小明和乐迪都戴上了袋鼠拳套,一起去往了答辩场地。"小明请到答题处。"主持人的声音响起,小明拉着乐迪到了答题处。"请听题,请问澳大利亚被称为骑在羊背上的国家的主要原因是什么?""滴——"答题声响起。"澳大利亚是世界上放羊数量和出口羊毛最多的国家。澳大利亚养羊业产业化,机械化程度很高,耗用劳动力少,所以羊肉和羊毛主要用于出口,商品率很高。因此被称为骑在羊背上的国家。"小明以迅雷不及掩耳之势完成了答题。"非常好,请听下一题。说出澳大利亚和牧羊带与年降水分布的关系。""西北中部地区是低矮的高原和大面积的平原,有优良的牧草,没有大型肉食动物,因此适合露天围栏放养。东南部和西南部沿岸,既适合牧羊,又适合发展耕作业,二者在时间上不会发生冲突,所以发展混合农业。""答对了,请听下一题,众所周知,澳大利亚的矿产资源丰富,品种多,那么请问澳大利亚被称为坐在矿车上的国家的主要原因是什么呢?""呃……这题把小明难住了,乐迪看小明面露难色,不知道该怎么办,突然!"是时候召唤超级飞侠了。""超级飞侠那是什么?""他们是我的好朋友,每当我遇到困难,他们都会来帮助我,总部接通。"乐迪拿起通讯器向总部汇报这次的情况,并说明了他们现在的困难。"好的马上派人过去。"正当乐迪和小明焦急地等待着,天空出现了两个黑点。看!他们来了——是小爱和多多,多多和小爱到达后,听了乐迪和小明的困难,轻而易举地给出了答案。"依托丰富的矿产资源,澳大利亚发展了采矿业,澳大利亚采矿业经营规模大,采用现代管理方法和机械化、自动化生产。矿产资源的开采效率和利用效率很高,而且非常注意环境保护,在采矿的基础上,澳大利亚也发展了冶金业。澳大利亚是世界矿产品的主要出口国之一,生产的矿产品有80%以上用于出口,主要销往中国、印度、日本、韩国等亚洲国家,由于矿产品出口占商品出口总额的比重很大。澳大利亚也被称为坐在矿车上的国家。""非常棒,恭喜小明获得终极大奖。"为了庆祝,小明和乐迪去郊外烧烤,他们坐在草地上,开始烧烤。之后乐迪他们将用完的竹签和塑料瓶随便丢到地上,小明看到并制止了他们。他说:"我们应该将垃圾丢进相应的垃圾桶,不随手乱扔垃圾。我们澳大利亚虽然采矿业非常发达,但是我们从不给地球留疤痕。"乐迪和多多听完后将扔到地上的垃圾捡了起来,大家会心一笑,这次任务圆满完成。

③"极地地区"课程案例

本书编剧式整合法案例选取的第三个主题是人教版七年级《地理》下册第十章"极地地区"。在本案例中学习者选择的是极地地区地图,选择的人物是同学们都比较熟悉的动漫人物——企鹅QQ。根据课上所学,学生列举出本节需要掌握的知识点为认识两极地区的位置范围、气候条件、自然环境、自然资源等;用地图、景观图片和相关资料,总结归纳两极地区的环境特点及差异;开展极地科学考察的重要性;极地地区环境保护的重要性。根据自己列举的知识点,学生结合自己选择的地图进行编剧,以下就是其中一位同学的创作。

QQ 代言记

作者:陈王煜

在地球南北两端,有两个十分特殊的地区——南极地区和北极地区,合称为极地地区。里边主要住着因纽特人和拉普人。在南极地区有一个企鹅城堡,它主要位于南极圈以南,包括南极洲及其周边的海域,但它却是一个危机四伏的大洲,无论是企鹅还是体积十分庞大的鲸鱼都陷入了危机之中。城堡里面有一个热爱冒险的企鹅QQ,它也过着十分不稳定的生活。一天QQ遇到一个小仙女,小仙女告诉它:"在北极圈以北包括北冰洋大部分及其周边的亚、欧、北美地区有一个希望之水,只要找到它,就可以让极地地区恢复原来的模样。"于是爱冒险的QQ决定去寻找这个希望之水,它身穿厚厚的棉袄却还是觉得很冷,这是因为南极地区是地球上最冷的地区,即使在夏季也十分寒冷,被称为"冰雪高原"。除了严寒以外,南极地区还被称为地球上的"风库"——年平均风速为17~18米/秒,最大风速可达100米/秒。在路上,它遇到了一只大鲸鱼,正奄奄一息地浮在水面上。QQ急忙跑上去询问:"大鲸鱼你怎么了?"大鲸鱼回答:"因为人们乱扔垃圾,我的生活环境遭到了破坏。我的好朋友海豹、海狮、海象也都遭到了人们的滥杀。"听到这里,它更加坚定了自己的决心,要寻找到希望之水。走了很远,它终于走到了北极地区,它把自己的棉袄脱了下来,这是因为北极地区不像南极地区那么严寒,虽然大部分地区也是终年冰封,但降水却比南极地区多得多,一般降水量在100~250毫米,风速也远不及南极地区,平均风速仅为10米/秒。走了许久,QQ遇到了一头哭泣的北极熊,北极熊说:"因为人类活动,导致冰川融化,我的家园消失了。不仅如此,由于全球变暖,两极冰川开始大面积融化,固体水库也大大减少。"听到这,QQ不禁流下了许多眼泪,地上突然被企鹅滚烫的眼泪滴出了一个洞,从这个神秘的洞里QQ看到了极地地区埋藏着的丰富的矿产资源、固体水资源以及栖息在沿岸的无数海洋生物。接着QQ翻过一座座冰山之后终于找到了这汪希望之水,可是没想到这汪希望之水竟然干涸了。原本充满自信的QQ也崩溃了。它跪在地上大声喊道:"人类啊!请爱护环境吧!别让我们失去家园。"因此QQ答应了腾讯公司的邀请,作为代言人呼吁人类签订了《南极条约》和《北极环境保护战略》,以此来保护极地地区。

2. 格子整合法

格子整合法是思维导图的改进版。使用格子整合法不仅能够整合学生所学知识,还能在有效整合知识的同时引导学生进行发散思维,培养他们的创造力。学生刚开始学习整合时可以使用四方格整理法,如图 3.33 所示,确定主题之后将与主题有关的内容(学生可能会联想到自己已有的知识或新课所学)填入四个方格中,再将方格拆开,每个联想设为主题,通过逻辑思维进行归纳整合。当思维打开之后就会发现四方格不够用了,这时就可以使用九方格(图 3.34)甚至更多的方格进行整合。四方格和九方格的目的是为了让学生进行发散性思维,产生与主题相关的联想,然后对每一个联想进行逻辑推理,探明每一联想与主题的逻辑关系,然后建立自己知识结构网。这种整合方法不仅能够帮助学生构建自我的知识体系,还能培养他们的创造力。在进行整合的过程中学生会发现某些联想自己无法进行逻辑推理,这时我们会要求学生自己想办法解决问题(查书或问老师),由此来培养了学生好的学习品格。

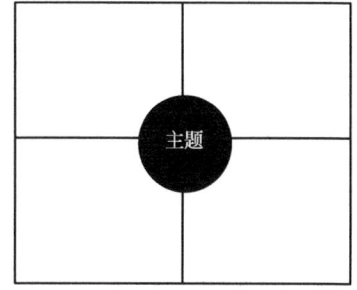

图 3.33 四方格整合法

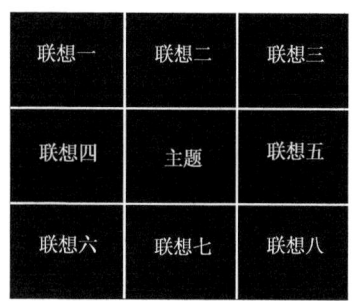

图 3.34 九方格整合法

(1)四方格整合策略案例分析

本书四方格整合策略案例是以地球为主题,运用四方格整合法进行知识构建。整理之后阅读的顺序可自我设定,既能逆时针也可顺时针。本书只是展示到四方格的第二层,在实际操作中可以根据自己知识储备情况无限向外延展。具体如图 3.35~图 3.37 所示。

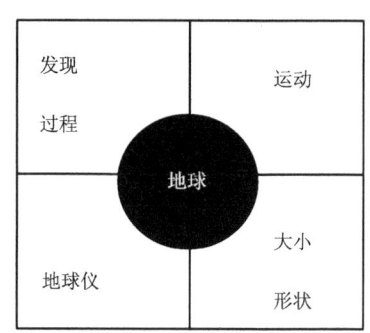
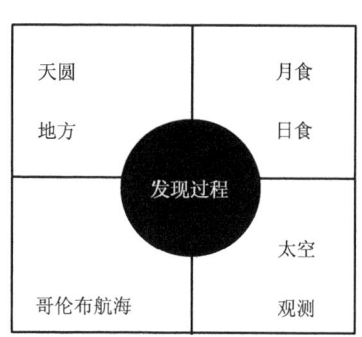

图 3.35 四方格融合法——以地球为例(一)

(2)九方格整合策略案例分析

本书九方格整合策略案例是以欧洲西部为主题,运用九方格整合法进行知识构建。整理之后阅读的顺序可自我设定,既能逆时针也可顺时针。本节只是展示到九方格的第二层,在实际操作中可以根据自己知识储备情况无限向外延展。具体如图 3.38、图 3.39 所示。

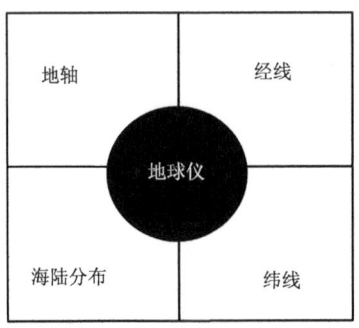

图 3.36　四方格融合法——以地球为例（二）

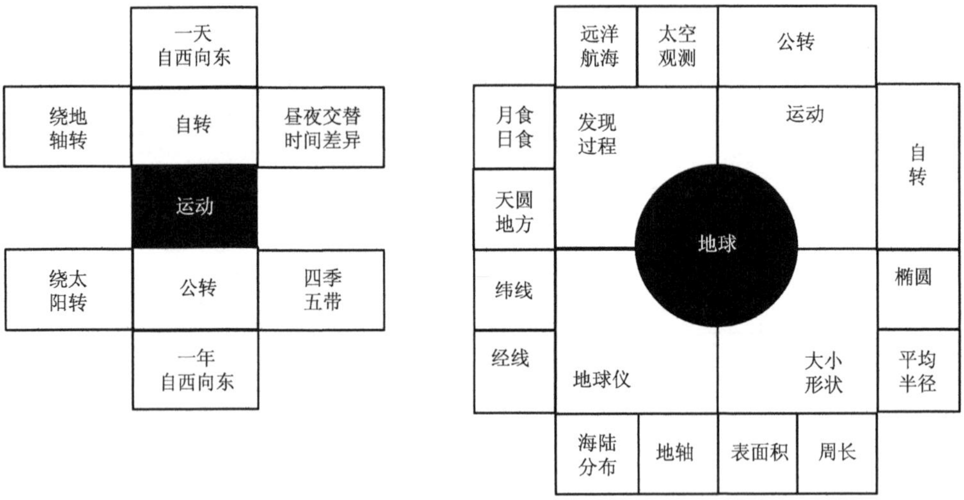

图 3.37　四方格融合法——以地球为例（三）

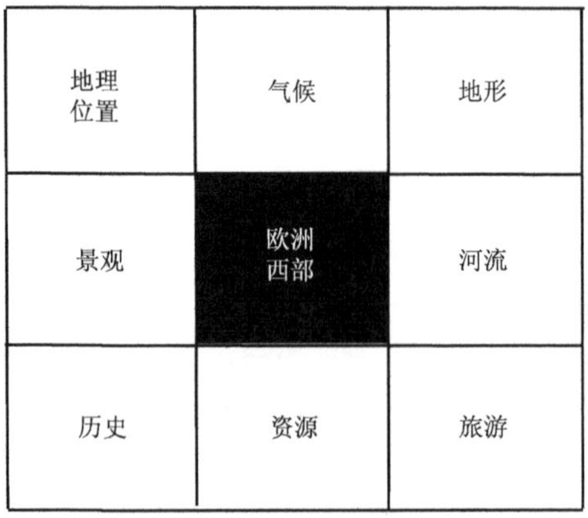

图 3.38　九方格整合法——以欧洲西部为例（一）

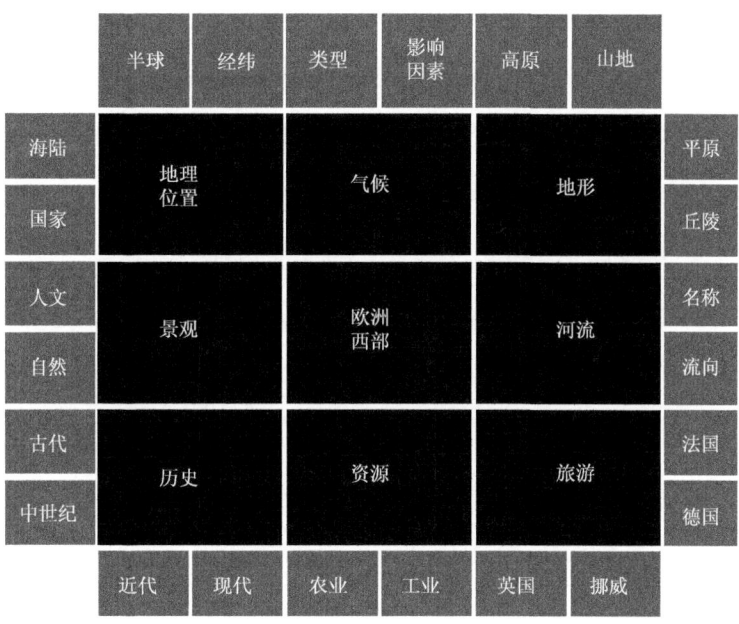

图 3.39 九方格整合法——以欧洲西部为例(二)

四、M-ACK 地理课程评价指标体系

课程评价是一个价值判断的过程。价值判断要求在事实描述的基础上,体现评价者的价值观念和主观愿望。不同的评价主体因其自身的需要和观念的不同对同一事物或活动会产生不同的判断。课程评价的方式是多样的,它既可以是定量的方法也可以是定性的方法。课程评价对象的范围很广,它既包括课程计划本身,也包括参与课程实施的教师、学生、学校,还包括课程活动的结果,即学生和教师的发展。M-ACK 地理课程评价主要是对课程的实施进行的评价,即教学评价。M-ACK 地理课程教学是否符合社会发展需求,一段时间后是否会被边缘化等诸如此类的质疑不仅是理论研究的追问,更是教学评价研究领域的应有之义。因此,应 M-ACK 地理课程正向发展的迫切需求,对实施 M-ACK 地理课程进行系统、科学的评价是课程有效开展的必要保障。

我国现行的教育评价体系总体上仍采用目标参考的教育测验和描述性评价。这种评价体系可能会导致课程在推广与应用过程中存在诸多问题:评价主体单一化,缺乏人文关怀;评价标准无弹性,忽视了对非预期学习结果的评价支持,强调总结性评价效应;以单一、狭隘的学业能力作为评价结果,评价内容过多地强调学习者的记忆能力、理解能力等初级认知阶段的考察,忽视了分析能力、创造能力;教育活动中的参与者处于被动状态,甚至极少听取被评者的观点和看法等。因此,建构科学合理的教学评价指标体系是必需的。对此本书设立了教师和学生两个层面的评价指标体系。

M-ACK 地理课程的开发和应用

(一)学生有意义学习评价指标体系

学生层面的评价分为他人评价和自我评价。他人评价主要是指教师给予学生的评价,是从四个方面来设置的,即应用、分析、综合和总结四个方面来评价。首先,应用评价方面包含三个指标——记忆能力、知识建构能力和迁移能力,本书针对这三个三级指标,提出详细的评价细则。具体如表3.10所示。

表3.10 M-ACK 地理课程学生应用评价指标(教师用表)

一级指标	二级指标	三级指标	具体描述	详细记录	备注
学生有意义学习评价	应用	记忆能力	1.强调理解基础上的记忆,主动的知识构建		
		知识建构能力	2.学生在有意义学习过程中,通过在新知识和原有知识之间建立联系,从而掌握复杂概念、深层知识等非结构化知识,最终达到知识的意义建构		
		迁移能力	3.将学过的知识与当前问题联系起来,综合所学知识解决问题		

其次,分析评价方面包含四个指标——关注焦点、投入程度、反思能力和学习动机,本书针对这四个三级指标,提出详细的评价细则。具体如表3.11所示。

表3.11 M-ACK 地理课程学生分析评价指标(教师用表)

一级指标	二级指标	三级指标	具体描述	详细记录	备注
学生有意义学习评价	分析	关注焦点	1.学生能够抓住问题的核心,理解概念的含义		
		投入程度	2.学生注意力表现情况		
		反思能力	3.在学习过程中能够不断反思总结自己的学习方式、学习方法和解题的思路等		
			4.学生能够从反思中发现问题并进行改进		
		学习动机	5.学生学习兴趣浓厚		

再次,综合评价方面包含两个指标——发现问题能力和创新知识能力,本书针对这两个三级指标,提出详细的评价细则。具体如表3.12所示。

表 3.12　M-ACK 地理课程学生综合评价指标（教师用表）

一级指标	二级指标	三级指标	具体描述	详细记录	备注
学生有意义学习评价	综合	发现问题能力	1.善于从独特的角度观察和思考学习问题		
			2.在教师的引导能够有新的想法		
			3.能够根据学习情况不断调节自己的学习策略和学习方法		
			4.能够根据目标制定科学的计划，具有良好的协调性		
		创新知识能力	5.能够深刻认识学习问题，把握学习问题的内在逻辑		
			6.能够灵活运用所学知识解决学习中所遇到的问题，不拘泥于形式		

最后，总结评价方面包含三个指标——诊断性总结、形成性总结和综合性总结，本书针对这三个三级指标，提出详细的评价细则。具体如表 3.13 所示。

表 3.13　M-ACK 地理课程学生总结评价指标（教师用表）

一级指标	二级指标	三级指标	具体描述	详细记录	备注
学生有意义学习评价	总结	诊断性总结	1.学生根据现有自身学习水平和学习要求，对先前知识和学习策略进行定位与改进		
		形成性总结	2.能够使用得当的总结语言，对周遭的学习环境、学习资源及学习共同体进行较准确的分析		
		综合性总结	3.在每堂课结束后常常有新的感受		
			4.对自身的学习过程做出科学、客观的评价		

本书除了设计学生有意义学习他人评价指标之外，还根据教材内容设计了学生有意义学习自我评价表。图 3.40 为七年级下册其中一个内容的学生自评，通过此表学生能够知道自己需要掌握的知识，并学会自我评价。教师也可通过此表分析自己教学任务完成情况。如果自我评价与实际学习情况有偏差则需要教师探明原因。

（二）教师有意义教学评价指标体系

教师层面的评价也分为他人评价和自我评价，两种评价使用同一个教学评价指标体系。教师层面的评价也是从四个方面来设置的，即教学准备、教学实施、教学评价反思和教学创新四个方面来评价。首先，教学准备评价包含三个二级指标——有意义教学基本知识和能力、学科思维主导的教学设计和教学资源设计准备。本书针对这三个二级指标，提出相应的三级指

M-ACK 地理课程的开发和应用

人类的聚居地——"聚落"自我评价

评分标准：完全不懂(0分)；看书后能够完成练习(1分)；不看书能够完全弄懂(2分)。

1. 能否通过图片描述城市景观和乡村景观的差别（　　）
2. 能说出影响聚落形成的因素有哪些（　　）
3. 能否归纳聚落与自然环境的关系（　　）
4. 能否列举世界文化遗产（　　）
5. 能否说出保护世界文化遗产的意义（　　）

各项得分：

哪些知识点没弄明白：

图 3.40　学生聚落自我评价

标及详细的评价细则。具体如表 3.14 所示。

表 3.14　M-ACK 地理课程教师教学准备评价指标

一级指标	二级指标	三级指标	具体描述	详细记录	备注
有意义教学准备	有意义教学基本知识和能力	有意义教学意识	1. 教师了解 M-ACK 对教学的重要性并积极应用到课堂教学中		
			2. 教师了解有意义教学的基本理念，并积极应用到课堂教学中		
		有意义教学基本知识和技能	3. 熟悉制作微课（先行组织者）的相关教学软件的基本操作。如知识地图、知识结构图等		
			4. 教师具有识别新旧知识关系的知识和能力，能够准备建构上位、下位和并列结构构建模式		
	学科思维主导的教学设计	教学分析能力	5. 教师能够清楚详述与 M-ACK 课程相融合的核心素养目标		
			6. 对学习者的特征进行分析，能够了解学生的思维习惯、起点水平、数字化学习能力等		
			7. 教师能够提出与地理学科内容相关的开放性或者半开放性问题		
		学科思维技术评估设计能力	8. 基于学生的认知水平、思维特点设计具有可操作性的地理学科思维表现性标准		
			9. 能够基于学生思维特点设计与地理教学内容相关的拓展思考题		
	教学资源设计准备	教学资源获取	10. 教师熟悉获取学科资源的来源渠道，如中小学学科资源和课件网站		
		教学资源设计	11. 教师能够利用地理学科画图工具，制作地图和相关的案例资源		

其次，教学实施评价包含两个二级指标——有意义教学活动应用和教学组织管理能力。本书针对这两个二级指标，提出相应的三级指标及详细的评价细则。具体如表 3.15 所示。

表 3.15 M-ACK 地理课程教师教学实施评价指标

一级指标	二级指标	三级指标	具体描述	详细记录	备注
有意义教学实施	有意义教学活动应用	先行组织者策略	1.了解先行组织者的含义，掌握学生关于新知识的相关经验		
			2.教师设计先行组织者，并妥善运用于教学过程中		
		认知构建策略	3.教学过程中，教师利用上位构建促进学生总结归纳能力的发展		
			4.教学过程中，教师利用下位构建帮助学生进行类属知识的学习		
			5.教学过程中，教师利用并列结合构建促进学生通过对比分析学习不同地理事物之间的异同点		
		整合策略	6.通过编剧整合法或格子整合法帮助学生构建新旧知识		
	教学组织管理能力	监控	7.教学过程中，教师能够妥善处理课堂中因技术原因出现的意外情况		
		管理	8.教师能够有效避免因学生交流谈论出现课堂教学的混乱		

再次，教学评价反思评价包含两个二级指标——有意义教学评价反馈和有意义教学反思交流。本书针对这两个二级指标，提出相应的三级指标及详细的评价细则。具体如表 3.16 所示。

表 3.16 M-ACK 地理课程教师教学评价反思指标

一级指标	二级指标	三级指标	具体描述	详细记录	备注
有意义教学评价反思	有意义教学评价反馈	学生评价	1.教师注重学生学习过程的评价		
			2.教师依据学生的特点制定多样化的评价标准		
			3.教师有效把握学生的思维状况，了解学生的疑问		
			4.教师能够开展多种方式的学习效果监测与评估活动		
		教师自我评价	5.教师自我评价意识强，及时调整教学策略		
	有意义教学反思交流	反思	6.教师借助信息技术手段记录教学过程，反思教学中的不足之处		
		交流	7.教师积极与同事交流教学经验，并针对不足积极调整教学策略		

最后，教学创新评价包含三个二级指标——有意义教学创新理念、个性化学习指导的创新

和有意义教学反思与评价创新。本书根据这三个二级指标，提出相应的三级指标及详细的评价细则。具体如表 3.17 所示。

表 3.17 M-ACK 地理课程教师教学创新评价指标

一级指标	二级指标	三级指标	具体描述	详细记录	备注
有意义教学创新	有意义教学创新理念	教学认识	1.教师依据教学实际改进和完善已有的认识		
		教学理念	2.教师愿意接受新的、先进的教学理念		
		教学思考	3.教师善于从新的角度思考教学问题		
		教学过程	4.教师能够积极探索和尝试新的教学方法应用到课堂教学中		
		教学方法	5.教师形成具有个人特点的教学风格		
			6.教师能够以幽默的方式化解课堂中的意外情况		
	个性化学习指导的创新	观点表达	7.教师鼓励学生自由表达自己的看法，允许多种观点存在		
		布置任务	8.教师根据教学内容设置开放性的学习任务		
		思维启发	9.教学思维启发性、引导性较好，能够激发学生的新思想		
			10.教师积极引导学生个性化学习，培养学生的创新思维		
	有意义教学反思与评价创新	思考	11.教师在课堂结束时，会产生新的思考		
		总结	12.教师总结学生奇思妙想的表现		
		反思	13.教师能够从不同角度反思本次课的教学过程		
		评价	14.教师能够给予学生对课堂形式、教学内容、教师等评价的机会		

第四章 案例分析

案例一：中东（第一课时）

中东地区是指从地中海东部、南部到波斯湾沿岸的部分地区，由于中东位于东半球中间部分，所以简称中东。中东约23个国家与地区，面积1500多万平方千米，人口4.9亿。气候类型主要为热带沙漠气候、地中海气候、温带大陆性气候，其中热带沙漠气候分布最广。地形以高原与平原为主。主要河流有幼发拉底河、尼罗河等，从地理位置上来讲，中东沟通了亚洲、欧洲和非洲。沟通大西洋和印度洋，自古以来就是东西方交通枢纽，为"两洋三洲五海"之地，战略地位极其重要。由于淡水资源稀缺、石油资源丰富，再加上宗教文化差异，二战之后常年局势动荡。

一、背景分析

(一)课程标准及解读

1. 课标原文

(1)在地图上找出某地区的位置、范围、主要国家及其首都，读图说出该地区地理位置的特点。

(2)运用地图和其他资料，指出某地区对当地或世界经济发展影响较大的一种或几种自然资源，说出其分布、生产、出口等情况。

(3)运用图表说出某地区气候的特点以及气候对当地农业生产和生活的影响。

(4)运用资料描述某地区富有地理特色的文化习俗。

2. 课标解读

课程标准对"中东"（第一课时）一课具体有以下要求。

(1)课标强调运用地图、图表和其他资料解决问题。因此中东地区的位置需要利用世界地图和中东政区图从地图中获取该地区的空间位置、范围、主要国家等信息，并能说出中东地理位置的特点——"三洲五海之地"，了解苏伊士运河、土耳其海峡等一些国际通道的全球战略意义。除此之外，中东地区的气候同当地的纬度位置、海陆位置和地形有着深刻的联系，从而对与之密切联系的农业生产以及生活方式等产生了重要影响。

(2)中东地区丰富的石油资源使其成为当今大国争夺的焦点，如何体现它对世界经济发展影响较大，需要借助中东地区的石油资源分布图，教师应适当补充和更新图表、数据资料等。例如，让学生通过"2012年世界原油消费量与产量分布示意图"比较出中东地区消费量和生产

M-ACK 地理课程的开发和应用

量与其他地区的差异,以及对世界经济的影响。

(二)学情分析

本节课的教学对象是七年级的学生,他们年龄大多在13周岁左右,这是一个充满感性、矛盾和成长空间的年龄阶段。在知识结构上,学生之前已学过大洲与大洋,对其有一定的认识,并通过前两章的学习,对世界地理知识的学习有一定的热情和兴趣,已初步掌握了学习区域地理的方法,对学习本节课奠定了良好的基础。同时,在平时生活中,学生可能通过电视新闻、网络信息,了解到一些中东国家的风土人情及经常发生战争的消息,但七年级学生的阅历浅、知识面较窄,看问题的层次及将知识进行连贯或提炼、整合分析的能力还有待提高,所以此节课学生可能会遇到一些困难。

在能力结构上,初步具备基本的读图能力和简单的分析、归纳地理问题的能力,并且通过初中学习习惯的培养,学生具备较强的自主学习和合作探究能力。但要在地图中能获取的地理信息进行挖掘,甚至运用多幅地图和相关资料结合分析时,他们就有难度了,因此需要通过多读图,教师的引导培养来加强和提高学生读图用图的能力。例如,学生在读图分析中东被称为"一湾、两洋、三洲、五海"之地的依据时,要及时指导和点拨读图方法,帮助学生在不同的地图上准确地找到中东地区的重要地理事物,使学生自然而然在头脑中建立了中东地区清晰的地理空间概念。

在认知结构上,七年级的学生对新事物易产生兴趣,好奇心强,思维活跃但不稳定,且注意力易分散,不能长时间集中精力,每个学生的基础和能力存在着差异,抽象的概念、空洞的数据对他们而言是没有吸引力的。例如,中东石油的储量和产量对当地及世界经济发展的影响,学生仅仅通过数字是无法完全感受的,这就需要通过时事信息、图片视觉化,将数据与学生所了解的事物和生活联系起来,从而使抽象的、空洞的变成切实的、能感受的。

在心理状况上,长期以来,大多数学生认为地理是非升学科目,不参加中考,学不学无所谓,导致学生上课态度不积极,只有少数爱好地理的学生能够积极参与。并且,七年级的学生维持注意力的时间不长,教师如讲授时间过长,学生容易分心,所以,每节课的教学设计都须特别注意将复杂的问题分步骤地进行化解,让学生能听懂、愿意听;能动脑动手,愿意动脑动手,可运用新闻材料、图片、地图设计活动,吸引学生注意力,激发他们的学习兴趣。

(三)课程资源利用与开发

1. 教材内容地位和作用分析

七年级下册《地理》教材安排了大洲—地区—国家三个不同尺度的区域地理内容,目的是使学生初步掌握学习和研究不同尺度区域地理的基本方法。本节教学选自人教版《地理》七年级下册第八章"东半球其他的地区和国家"的第一节,"中东"是世界地理"认识区域"中"了解地区"部分的内容,具有承上启下的作用,是学生在学习了第七章后,从引导学生关注世界上的热点问题和地区出发,选择了世界上冲突、战争最频繁的热点地区——中东进行突出介绍。

作为区域地理的内容,"中东"这一节的教材并没有着重某一个国家,而是对整个区域进行了总体描述,教材突出了以下几点:重要的地理位置、世界石油宝库、匮乏的水资源、多元的文化。其目的在于使学生了解该区域一些基本的地理常识,并通过阅读和思考培养分析原因、总结规律等地理思维能力,其中也渗透了对读图、搜集归纳地理信息能力的训练。本节教材在引导学生由生活走进地理,利用社会热点问题及学生对生活的体验,培养学生关心世界大事,关注世界和平的情感态度及价值观起着十分重要的作用。

2. 知识结构关联图

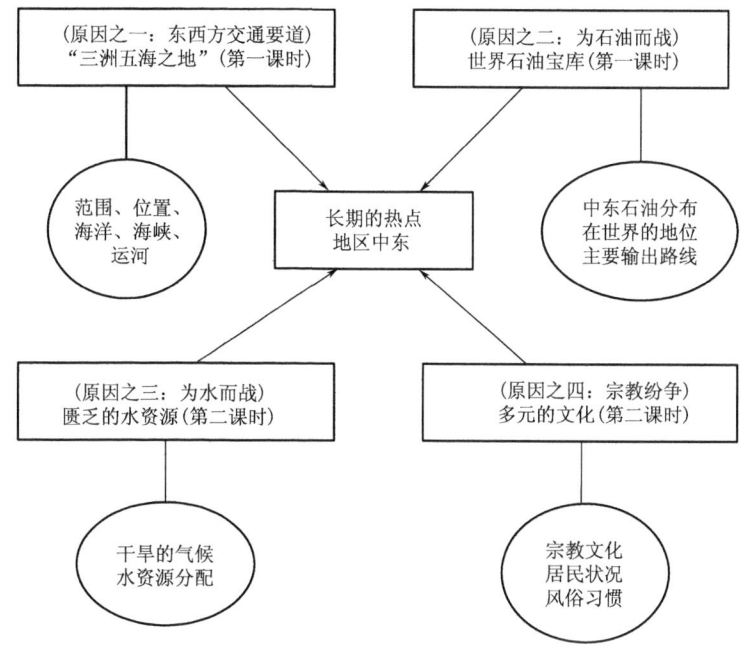

3. 教学重点与教学难点的分析

(1)教学重点确立及依据

教学重点:①通过读图、析图来分析中东地理位置的重要性及其石油资源的特点、分布及输出路线;②学生读图能力和分析综合能力的训练。

确立依据:中东地区联系三洲五海的重要地理位置,特别是拥有其他一些重要的国际通道,使其成为具有全球性战略意义的兵家必争之地,丰富的石油资源引起发达国家的抢夺,这些都是中东地区冲突不断、战火连绵的部分原因,因此把它们确定为知识教学重点。

地图是地理学科的灵魂,也是地理学科的基本工具,只有把它用好了才能更好地学习地理,所以读图能力的培养一直是中学地理课堂的重点。本节教材配备了大量的地图和示意图,因此,在教学过程中要充分组织学生阅读图表,挖掘其中的地理信息,培养学生的读图能力和分析综合能力也是教学的重点。

(2)教学难点确立及依据

教学难点:阅读世界地图、区域地图分析中东成为长期的"热点地区"的原因。

确立依据:首先,中东地区成为长期的"热点地区"的原因需要从多个角度运用综合思维去分析,既要分析自然的因素,也要分析人文的因素。其次是知识跨度大,学生需要将过去所学的知识和本节课的知识以及将来所学的知识结合起来,进行综合分析后才能得到答案。

在这一年龄阶段的学生读图、析图的能力还很欠缺,对他们而言还有一定难度。如怎样通过世界地图和中东的地形图,准确地在地图上找到"一湾两洋三洲五海",从而理解中东地理位置的重要性,并在地图上根据已掌握的地理事物,找出中东石油的外运航线。因此,在教学过程中不断培养他们的读图、析图能力也就成为一个难点。

4. 教学内容的处理

鉴于中东地区在国际上的重要性,学生对该地区的关注度也比较高,因此在原有教材内容的基础上适当做了一些拓展,主要集中在中东冲突和战争这方面。第一课时主要时利用多媒体作为先行组织者展现冲突、战争频发的中东,激发学生呼吁世界和平的情感;接着利用课件讲授中东重要的地理位置和丰富的石油资源。

5. 教学资源的运用与开发

(1)充分利用课本地图资源,引导学生阅读课本中"中东在世界中的位置"和"中东的地形"两幅地图,从图中获取中东是一个两洋三洲五海之地,同时让学生对地理事物的位置分布形成空间概念。

(2)课外相关资源补充,时事新闻贯穿整个课堂,与生活息息相关,如选用"新苏伊士运河开通"的新闻报道和瓦良格号的故事,使学生理解中东地区苏伊士运河和土耳其海峡的重要性。

(3)活用多媒体资源,展示有关中东地区的视频和图片,让课堂教学内容形象化、具体化,同时也激发学生学习兴趣,唤起学生的求知欲。

二、教学实施方案(第一课时)

(一)教学目标

(1)读图说出中东地区的范围和位置,以及重要的临海、海峡、运河,评析本区地理位置,从区域认知的视角认知其重要性。

(2)运用地图、统计数字说出中东石油的分布、生产和输出情况,并能理解中东石油对本地区经济及世界经济的重要影响,并综合分析其争端不断的原因。

(3)通过对中东地区石油资源分析,树立正确的资源观。理解战争的残酷,呼吁世界和平,明确各国和各民族之间应该互相尊重、和平共处。明确人地协调的重要性。

(二)教学策略

1. 主要教学方法

M-ACK教学法、演示法、地图法、分组讨论法。

2. 主要教学方法的运用

(1)有关中东的多媒体课件及新闻视频资料的演示,对于形成学生丰富的地理表象具有极为关键的作用,尤其是新课引入叙利亚孩子拍摄的公益短片《心跳》,视频中处在战火纷飞之中的儿童歌声震撼学生的心灵,又开门见山地引出课题。

(2)地图法在本节课中大量使用,从中东的地理位置、范围、特点,到石油资源的分布,对当地和世界经济重要影响的分析中都要用到大量的地图,如将新闻案例和世界地图、地区图结合,有助于学生确定中东地区的相对位置,从而理解其重要性,突出教学重点,同时培养学生的地理学习习惯,突出地理学科特点。

(3)分析中东石油外运航线,以"我是小小航线设计家"的合作探究形式,运用已初步掌握的读图方法对地图和资料进行分析、思考和总结,进行分组讨论式的自主学习,培养学生地理实践能力。

(三)教学过程

教学流程	教师行为	学生活动	设计意图
新课导入 (3分钟)	**(课前预习)**请同学们完成中东学生先行组织者图。 **(播放视频)**联合国儿童基金会为叙利亚孩子拍摄的公益短片《心跳》。 **(提问)**在音乐视频中你看到了什么,了解到什么? **(PPT展示,讲述)**中东名称的来历:西方国家向东方扩张时,按距离的远近,将欧洲以东的国家分为近东、中东、远东。 **(PPT展示)**中东历史战争的新闻图片。 **(讲述)**看新闻也是学习区域地理的好方法。 **(提问)**为什么中东一直冲突不断? 为位置而战　　为石油而战 为水源而战　　为信仰而战 **(总结)**根据学生回答,共同归纳引发战争的四个原因。	完成中东学生先行组织者图。 学生观看视频并描述视频中的场景,引出中东地区是一个战乱不断的地区。 观看新闻图片,探讨中东地区经常发生战争,成为长期热点地区的原因。 归纳: 1.为位置而战; 2.为石油而战; 3.为水源而战; 4.为信仰而战。	学生通过完成先行组织者图以提前感知本节课所学新知识。 运用视频短片作为先行组织者,以此调动起学生的学习积极性,处在战火纷飞之中的儿童歌声震撼学生的心灵,又开门见山的引出课题,唤起学生的求知欲。 运用中东历史战争的新闻作为先行组织者,以此调动起学生的学习积极性,使学生陷入思考:为什么中东地区争端不断呢?

续表

教学流程	教师行为	学生活动	设计意图
明确主题 获取新知 (10分钟)	(PPT展示)丝绸之路，习近平出访中东牵手"一带一路"，新苏伊士运河开通。 (提问)这几段新闻材料，你有什么发现？中东地区有哪些重要的战略要地？ (提问)中东被称为"一湾、两洋、三洲、五海"之地，请阅读"世界地图"和"中东地形图"分析这种说法的依据是什么？ (引导学生找出地跨两洲的国家，帮助理解中东地理位置的重要性) (引导读图、提问)"五海"中的地中海与红海，黑海与地中海分别靠什么联系？ (图片展示)海军节新闻宣传图，从图片中的航母辽宁号引出前身瓦良格号的故事。 (提问)为什么瓦良格号一定要经过土耳其海峡呢？ (活动)完成大西洋和印度洋之间的联系图。 (总结)中东的地理位置：一湾两洋三洲五海。	从新闻材料中了解到中东地区在地理位置上非常重要。 学生分析材料，寻找答案，读图思考回答： ·一湾是波斯湾； ·大西洋、印度洋； ·地跨亚、欧、非三洲； ·五海是红海、地中海、黑海、里海、阿拉伯海。 读图回答：苏伊士运河和土耳其海峡。 通过瓦良格号的航行得出土耳其海峡重要性，它是黑海沿岸国家进入地中海的唯一海上通道。 根据地图完成海洋之间的联系图。	以新闻素材作为先行组织者，了解中东，理解中东地区特殊的地理位置成为长期热点地区的原因之一。世界地图和地区图的结合，有助于确定地区相对位置，构建心理地图。 通过前面几节的学习，学生基本掌握分析一个国家或地区地理位置的方法，新知识与学生原有经验形成类属关系，形成下位构建。 以故事作为先行组织者，帮助学生理解中东地理位置的重要性。 通过完成联系图，培养学生读图、析图的能力。
师生互动 读图分析 (10分钟)	(新闻)国际能源署警告。 (PPT展示)美国抢夺漫画。 (提问)新闻中提到的重要资源是什么？这个资源与我们的生活有什么联系？美国为什么要抢呢？ (提问)阅读课文P46-47，说说这一资源在中东地区分布、生产、储量如何？ (PPT展示)"中东的石油产区"图，点击相关国家名称闪动。 (PPT展示)中东石油储量、产量出口量占世界的百分比图。	通过看新闻和漫画，联系生活经验，知道中东石油是发达国家抢夺的目标。 读图可知，石油主要分布在波斯湾及其沿岸地区，找出主要的产油国。并用相关数据说明中东石油对世界的意义。	以漫画作为先行组织者引起学生的兴趣。这样的认知过程符合初中生的认知特点，把知识落实在地图上，培养学生运用地图、统计资料等，分析地理问题的能力，使学生掌握中东石油分布、生产、出口的情况，从而落实课程标准。 以新闻作为先行组织者，引导学生思考中东地区到底有何资源值得别人抢夺。

续表

流程	教师行为	学生活动	设计意图
师生互动读图分析(10分钟)	(PPT展示)"2012年世界原油消费量与产量分布示意图",比较中东地区消费量和生产量与其他地区的差异,及对世界经济的影响。	读图可知,中东石油产量大,将向消费量大的亚太、欧洲、北美地区出口。中东石油对本区及世界经济有着重要的影响。	通过活动培养学生读图、析图的能力。在学生读出事实的基础上分析其石油资源多的利弊及解决措施,培养学生的思维能力。
学以致用展示	(学以致用)我是小小航线设计家 要求:在地图上画出中东石油外运航线,并标出所经过的海洋、海峡、运河。 (总结)根据学生的设计航线,呈现中东石油外运三条主要航线图。 (提问)同样是输往欧洲西部和北美洲,航线A和航线B的差异何在?	两两合作,设计中东石油外运到东亚、西欧、北美的航线。并选出代表上台展示。 读图总结三条航线所经过的海洋、海峡、运河和到达的地区。 根据地图及苏伊士运河的情况,分析问题。	以"我是小小航线设计家"活动作为先行组织者,培养学生地理实践能力,从所给资料中提取信息,培养分析问题、解决问题的能力,锻炼学生小组合作精神与竞争意识。
拓展延伸课堂小结(10分钟)	(新闻)中东将面临石油枯竭。 (探究活动)中东未来发展的道路。 (整合)请同学们拿出"中东"编剧表按要求编写剧本。 (视频)以阿拉伯儿童歌曲《给我们童年,给我们和平》结束。	讨论思考。 编写剧本总结本节课所学到的知识,理清知识脉络。	以新闻作为先行组织者引导学生关注自然与社会,使学生形成人地协调与可持续发展的观念。 构建自己的知识体系。

(四)板书设计

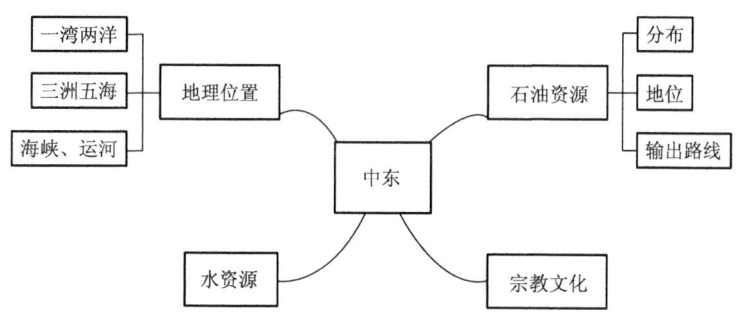

附：**教学设计流程图**

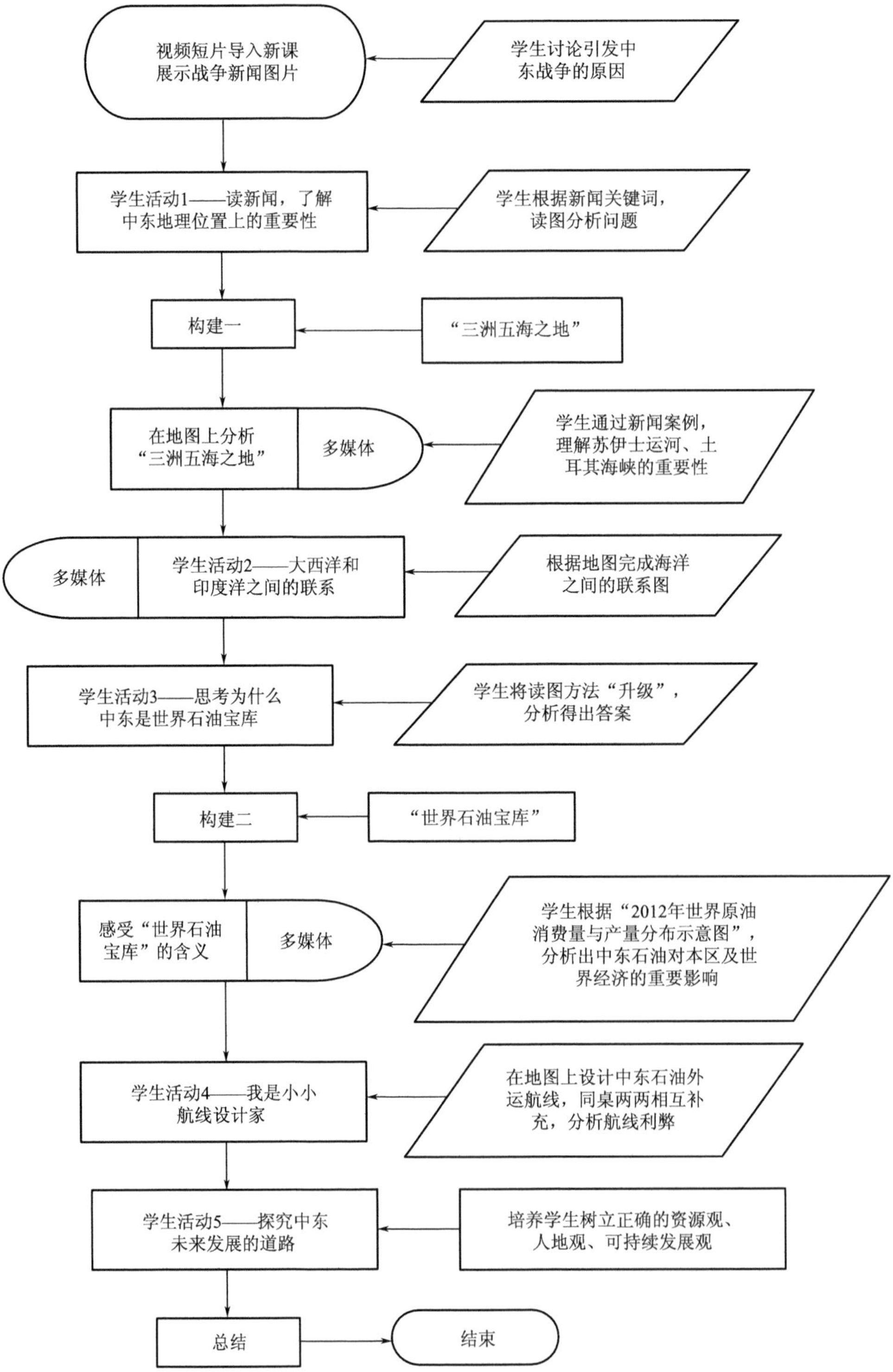

```
视频短片导入新课          学生讨论引发中
展示战争新闻图片   ←——   东战争的原因
        ↓
学生活动1——读新闻，了解    学生根据新闻关键词，
中东地理位置上的重要性 ←——  读图分析问题
        ↓
    构建一  ←——  "三洲五海之地"
        ↓
在地图上分析                学生通过新闻案例，
"三洲五海之地"  多媒体 ←—— 理解苏伊士运河、土
                            耳其海峡的重要性
        ↓
多媒体  学生活动2——大西洋和    根据地图完成海洋
        印度洋之间的联系   ←—— 之间的联系图
        ↓
学生活动3——思考为什么       学生将读图方法"升级"，
中东是世界石油宝库   ←——    分析得出答案
        ↓
    构建二  ←——  "世界石油宝库"
        ↓
                                学生根据"2012年世界原油
感受"世界石油                    消费量与产量分布示意图"，
宝库"的含义    多媒体 ←——       分析出中东石油对本区及世
                                界经济的重要影响
        ↓
学生活动4——我是小小          在地图上设计中东石油外
航线设计家       ←——         运航线，同桌两两相互补
                              充，分析航线利弊
        ↓
学生活动5——探究中东           培养学生树立正确的资源观、
未来发展的道路   ←——          人地观、可持续发展观
        ↓
    总结  ——→  结束
```

三、教学反思

总体情况
在学习本节课之前，学生已经学习了亚洲、日本、东南亚、印度、俄罗斯等国家和地区，基本上了解了区域地理的学习方法。再加上平时注重引导学生读图、填图，对于分析图来解决问题已经不是很困难。根据初一学生的年龄特征及对教学资源的整合，本节的教学流程如下：介绍"中东"一词的由来→明确中东范围→读图了解中东地理位置→读图了解中东石油资源的分布、特点、地位及输出情况等→对中东未来发展的展望（人地协调观教育）。

成功之处
1. 通过 M-ACK 教学方式有效帮助学生构建自己的知识体系。 2. 突出体现区域认知、综合思维、人地协调观核心素养目标。 3. 问题设计合理，促进学生充分参与学习。 　　问题设计重点突出，比如在中东地理位置和石油资源的分布、输出、地位处分层次设计问题，引导学生逐步读图分析、讨论等，自主完成学习目标。通过设计情境提出问题，激发学生参与学习的积极性，比如"如果你是石油公司的老板，你会运往哪些国家或地区？为什么？""假如你是中东地区产油国家的决策者，你们今后的经济出路在哪里呢？"等问题，学生发言的积极性很高。 4. 结合时事学习，体现地理学习的价值。 5. 多媒体的运用恰当合理。 　　多媒体将教学思路及教学资源顺利地展示出来，大大提高了教学效果。教学地图的使用、图片的选择、资料的选取合理实用，在教学中真正地起到了辅助作用。中东石油的分布，以及石油的外运路线图动态出示，直观性较强，集中学生的注意力，使脑、眼协调运用，增强学生的印象，达到良好的效果。对于中东和西亚的区别，图片上做闪动的效果，起到强调的作用，使学生过目不忘，印象很深。把中东的范围用数学的形式表示出来，"中东＝西亚－阿富汗＋埃及＋土耳其的欧洲部分"使学生更加清晰地了解中东的范围。

不足之处
1. 本节课选取内容量过大，活动过多导致时间比较紧凑，内容安排须调整，重难点不够突出。 2. 学生搜集的资料给展示的机会太少，使孩子们很失落。 3. 在区域认知挖掘上不够深刻，比如中东石油作为非可再生资源，怎么才能找到中东的未来之路，可以为学生出示资料或学生自己根据查找的资料谈一谈。

案例二：极地地区

极地地区是指地球的两极，即南极和北极。北极地区以北冰洋为中心，周围濒临亚洲、欧洲、北美洲三大洲。南极地区以南极洲为中心，周围濒临太平洋、大西洋、印度洋三大洋。北极和南极都储存有大量的地球古环境信息，通过钻取冻土芯和冰芯分析，可以了解古气候的变化过程和古环境的变迁情况，从而为预测未来全球气候变化的趋势提供重要依据。除此之外，对于北极生物多样性、生物总量、生态环境的研究，不仅直接关系到当地居民的生存环境，而且由于北极与北半球中、低纬度区生物的亲缘关系，这些研究从人类的生物资源前景、生物基因工程等角度来看就具有更加广泛而深远的意义。

一、背景分析

(一)课程标准及解读

1. 课标原文

(1)运用地图等资料简述某大洲的纬度位置和海陆位置。

(2)说出南、北极地区自然环境的特殊性，认识开展极地科学考察和保护极地环境的重要性。

2. 课标解读

课程标准对"极地地区"一课具体有以下要求。

(1)课标强调运用地图、图表和其他资料解决问题。因此，极地地区的位置需要利用世界地图和极地地形图从地图中获取该地区的空间位置、范围等信息。除此之外，极地地区的气候同当地的纬度位置、海陆位置和地形有着深刻的联系。

(2)极地地区地理位置导致其特殊的自然环境，这是认识开展极地科学考察和保护极地环境的重要性的基础。利用地图和相关资料帮助学生深刻理解极地科学考察和保护极地环境的重要性，形成正确的人地协调观。

(二)学情分析

1. 学生年龄特点分析

个人意识和群体意识日益增强；青春欲望渐渐萌发；童心玩念依旧旺盛；厌学情绪渐渐滋生；自我管理逐渐变难。

2. 学生已有知识经验分析

通过前面对世界其他区域的学习，学生已经初步掌握了分析一个区域的基本方法。但是极地地区不同于其他地区，这里的自然环境和人文环境与世界其他地区有巨大的差异，教师应注意不要让学生循规蹈矩地按照原来分析区域的方法认识极地地区。另外，学生对学习本部分知识有极大的兴趣，教师可以利用学生的学习兴趣，让学生课前搜集资料，课上让学生分析这些资料,从中提取有用的地理信息,活跃课堂气氛,提高学习效率。

3. 学生学习能力分析

初中生学习能力还是比较强的,但是还是具有初中生的心理特点,形象思维多于逻辑思维,不太善于自己思考和总结,加上很多同学习惯于老师讲、他们听的教学模式,缺乏学习主动性。

4、学生学习风格分析

部分学生学习习惯欠缺。例如,课堂上不能集中注意力去听讲,思想容易开小差,还有的同学坐不住,不是做小动作就是说话;不会课前预习、课后复习;经常有学生上课忘拿课本,个别学生在上课 5 分钟之内都没有进入学习状态。学生学习主动性、自觉性不强。很多学生离不开教师的严格管理,还停留在小学老师那种保姆式的学习要求中,不会自觉、主动地学习。

(三)课程资源利用及开发

1. 教材内容地位和作用分析

本节内容是七年级《地理》的最后一课,是"世界地理"的终结篇章。其主旨是通过了解极地地区特殊的地理环境,理解两极地区是科学考察宝地,增强学生的环境保护意识、全球意识和可持续发展的观念。学生已经掌握了一定的区域地理基础知识和学习方法,具备相应的知识背景,但仍需要借助形象直观的手段进行教学。因此,在教学中创设"明星 QQ 代言记"这一情境主线,把教材中"独特的地理环境""科学考察的宝地"和"极地地区的环境保护"三个框题转化为科普、科考、环保三个主题活动,把抽象的问题形象化,把感性的认识转化为理性的知识,从而调动学生的学习兴趣,通过观察、分析、讨论、查找资料、论证等方法来体验学习的乐趣。

2. 教学重点与难点分析

在本节教材中以自然地理知识为基础,掌握极地地区的地理位置,从而了解其环境保护的重要意义。所以确定本节的重点是认识两极地区的位置、气候、自然环境、自然资源。教学难点是判断两极地区的方向,辨别周围环境;读图理解、区分两极地区自然环境的差异。

3. 可进行过程、方法与情感、态度、价值观培养内容的挖掘及补充

本章是人教版七年级《地理》下册最后一章,是所学世界区域的最后一个区域,也是一个特殊区域,至此,完成了对整个世界范围的宏观学习。本章是对"人地和谐关系"主题的突出和升华,更是对可持续发展观念的宣传,学生由此进一步受到了情感、态度和价值观的教育体验。

4. 教材处理

在本节学习内容时,基本按照教科书的顺序进行。由于教学中设计了较多的活动,灵活应用课件、地图、文字资料、视频资料等教学资源。

二、教学实施方案

(一)教学目标

(1)运用地图和相关资料认识两极地区的位置范围、气候条件、自然环境、自然资源,总结归纳两极地区的环境特点及差异。

（2）掌握利用经纬网在以两极为中心的地图上判断方向的方法。

（3）通过学习,让学生感受科学家热爱科学、不畏艰险、勇于探索的精神;通过对极地地区环境保护的讨论,增强学生的环境保护意识、全球意识和可持续发展的观念。

（二）教学方法

让学生学习有用的地理,学习对终身发展有用的地理,构建开放的学习方式和教学方式,提升学生的地理学习能力,打造合格的社会公民。在教学方法上,主要侧重于认知构建学习,主要运用 M-ACK 教学方法。

（三）教学过程

教学内容	教学行为	学生行为	设计理念
呈现先行组织者（1分钟）	嗨,大家好！这位是腾讯公司旗下的艺人 QQ,而我是它的经纪人。今天 QQ 收到了南极地区和北极地区的邀请函,邀请 QQ 为他们代言,可是 QQ 应该选择哪边呢？我们决定先去这两个地方考察一下,今天我们就跟随 QQ 一起去吧！ 作为经纪人,我给 QQ 安排了三个行程,我们来看看它的行程表。	认真观看	以学生熟悉喜欢的人物 QQ 作为先行组织者,以极地考察活动为主题活动,寓教于乐,有利于激发学生学习兴趣,养成终身学习的习惯。

第四章 案例分析

续表

教学内容	教学行为	学生行为	设计理念
呈现新的学习内容：一、独特的地理环境（8分钟）	（活动）展示北极地区和南极地区位置和范围图，请同学们从图中找出两极地区的位置范围和周围的大洲或大洋。有人说南极地区的特点是"水包陆"，具体是指哪个大陆、哪些大洋呢？三个大洋的相对位置关系如何准确判断呢？有人说北极地区的特点是"陆包水"，具体是指哪些大陆、哪个大洋呢？请你在图上指出并标注。 （延伸提问）QQ，有人找不到北了，怎么办？（两极地区分别位于地球的最南端和最北端，在两极考察时，要会判别方向。在南极，四面朝北（即四面一方）；经线指示南北方向，纬线指示东西方向，地球呈顺时针方向自转，以南极为中心点，有"内南外北、顺东逆西"的定向法则。北极地区的方向和南极地区相反。） （对比活动）找到两极地理的地理位置之后，为了更好地帮助QQ进行选择，我们先来比较一下南北极地区的异同。 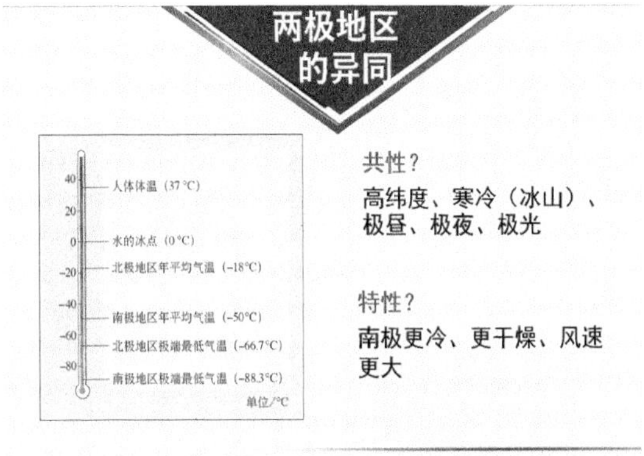 两极地区的异同 共性？高纬度、寒冷（冰山）、极昼、极夜、极光 特性？南极更冷、更干燥、风速更大 （角色扮演）南极地区的自然环境恶劣，去过南极的人都能亲身感受到，请聆听专家的讲述。以小组为单位，一组同学扮演记者，一组同学扮演专家，进行采访，记者扮演者准备好相关问题以及采访后的笔记，专家的扮演者准备好相关资料以备答。	思考回答 对比回答 角色扮演	前面学习过地理位置的描述，新旧知识形成下位构建。 模拟采访情境，调动学习兴趣，让学生学会提问。
呈现新的学习内容：二、科学考察的宝地（16分钟）	（承转）听说极地地区是科考宝地，所以我特地为QQ安排了科学考察。请同学们给QQ解释下为什么极地地区被称为科考宝地啊！它有哪些资源呢？ 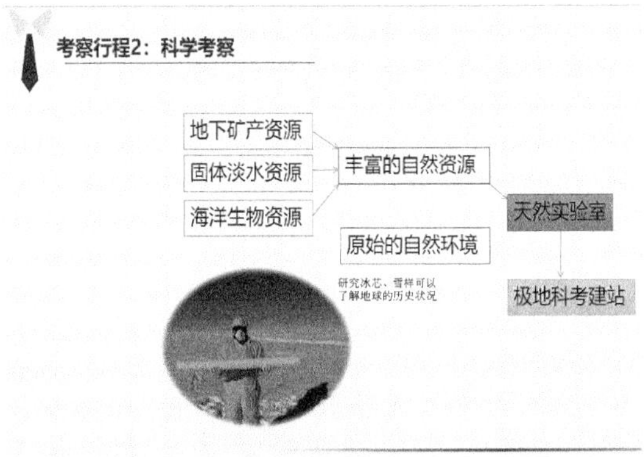 考察行程2：科学考察 地下矿产资源 固体淡水资源 → 丰富的自然资源 → 天然实验室 海洋生物资源 → 原始的自然环境 → 极地科考建站 研究冰芯、雪柳可以了解地球的历史状况 （提问）科学考察需要哪些装备呢？	角色扮演	通过学生自主阅读材料，模拟科考队中不同身份人员对极地地区的不同感悟，激发学生的爱国主义情感和极地科考的热情。

续表

教学内容	教学行为	学生行为	设计理念
呈现新的学习内容： 二、科学考察的宝地 (16分钟)	**考察行程2：个人装备** 我们需要哪些极地装备？　　戴太阳眼镜只是因为看起来很酷吗？ (**总结**)防寒服的颜色不用灰色或白色，多为红色、橘色等鲜艳颜色，以利于在雪地发生危险时容易搜救。太阳眼镜的功能主要有三个方面：防紫外线灼伤、防雪盲、极昼时造成夜间假象利于睡眠。避免使用金属镜架，金属降温快容易冻伤脸部皮肤。 (**提问**)科学考察使用哪些交通工具呢？过去和现在有什么区别呢？ **考察行程2：交通工具今昔对比** (**总结**)过去的交通工具多为狗拉爬犁，甚至还有驯鹿爬犁。现在多数是卡特雪地车、雪地艇和雪地摩托。在南极内陆考察时，除了面临高原缺氧、低温酷寒的考验，一路上还会经常遇到暴风雪、白化天、地吹雪等恶劣天气。在这种天气开车，只能依赖于全球定位系统（GPS）导航，根本看不见路，等于闭着眼睛开车，非常疲劳，由于看不清路面，无法避让一些大的雪丘，车颠簸得非常厉害，对车辆、雪橇损害较大，车辆发生故障时，现场很难维修。所以机械师非常重要。 (**承转**)了解了科考的一些基本情况之后，QQ将继续对中国在极地地区科考站进行考察。 (**提问**)建站时间谜团： 1. 为什么南北极地区建站时间不同？（南北半球季节相反） 2. 为什么我国南极科学考察站的建站时间都选择在1或2月？（这时是南极的暖季） 3. 我国未来第五个南极科考站站名征集中，欢迎大家踊跃为新站命名。	思考回答	

第四章 案例分析

续表

教学内容	教学行为	学生行为	设计理念
呈现新的学习内容： 三、极地地区的环境保护 （10分钟）	（承转）随着科考站的建立，人类的足迹越来越多地出现在这两块净土上，因为没有约束，破坏环境的事件时有发生，接下来QQ将对极地地区的环境问题进行考察。 我们首先来看看极地地区的环境现状。 **考察行程3：环境状况** 沉痛悼念大海雀 北极曾经有过和企鹅走路形态相似的鸟——大海雀，因为人类捕杀而灭绝了。 现在QQ只能在博物馆看到这个与自己家族貌似的鸟标本了。你还知道哪些类似的案例？ **考察行程3：环境状况** 【环球网综合报道】澳大利亚最长寿老人Alfred Date（109岁）响应菲利普岛企鹅基金会的号召，为岛上因石油污染而濒危的小企鹅织毛衣。了解了解，由于石油污染严重，岛上企鹅的皮毛都覆盖了一层厚厚的石油。工作人员担心企鹅清洁身体时会误食石油，决定招募志愿者为企鹅织毛衣。 两极地区环境污染事件远远不止这两件。这个地区有大量的生物资源都不同程度地遭到滥捕和滥杀，南极地区的鲸鱼资源已陷于危机之中。该怎样对待两极地区的资源呢？ **考察行程3：环境状况** 人类破坏活动 → 环保意识增强 → 制定国际公约 捕鲸等动物、采矿和加工、石油泄漏污染等 / 发起环保活动 / 《南极条约》《北极环境保护战略》 （承转）QQ的行程已经结束了，那它会选择哪个地区进行代言呢？ （拓展探究）观察极地科考三十年纪念邮票和杆栏式建筑，说出这两种建筑分别在哪里，其环境有什么特色？（一个在南极，气候酷寒，为防止风雪吹蚀建筑底部而悬空。一个在气候湿热地区，为了通风和防潮湿而建。这是建筑与环境相适应的典范）	搜集资料回答问题 探究回答问题	学习热带雨林的保护时我们了解了地理自然环境的整体性，所以极地环境保护与旧知识形成下位构建。 结合学生的年龄特点，提供感性图片，水到渠成地介绍相关条约，让学生感悟两极地区对全球可持续发展的重要性、紧迫性及其现实意义。 对比极地建筑和干栏式建筑，引发学生对建筑文化迁移的思考，形成并列结合构建。

续表

教学内容	教学行为	学生行为	设计理念
课后作业	现在旅行社已经开始筹划极地旅游项目,他们特聘同学们为他们的专业项目设计师,帮助他们设计一个极地旅游项目,其中包括旅游路线和注意事项等。	完成设计	通过活动帮助学生巩固所学知识,培养地理实践力。
知识的协调整合（8分钟）	请同学们拿出《极地地区》编剧表,按要求编写剧本。	编写剧本	构建自己的知识体系。
评价环节（1分钟）	填写学生自评表。	自我评价	学会认识自我。

(四)板书设计

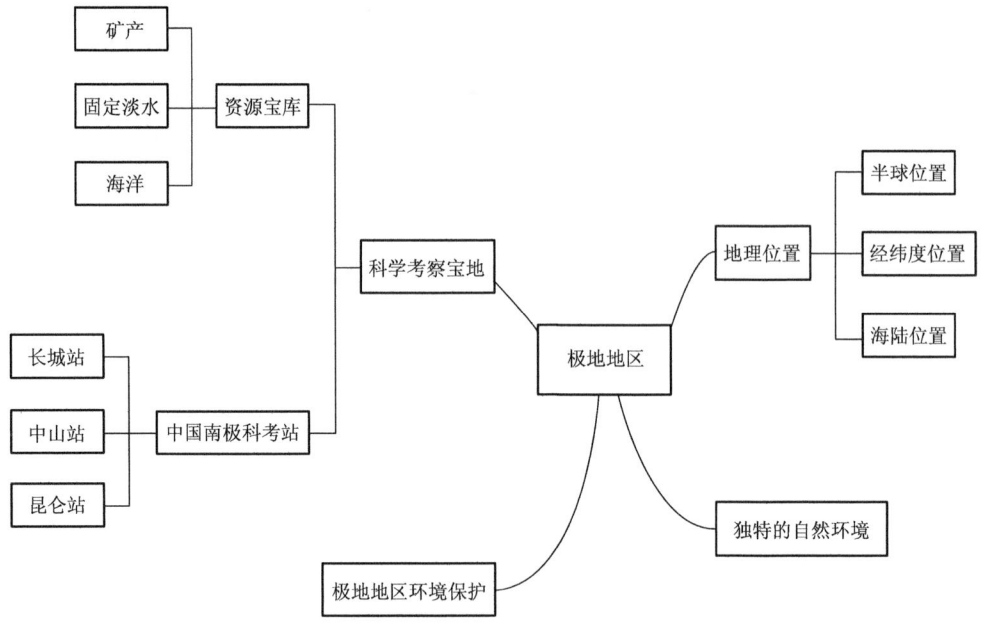

三、教学反思

总体情况

本章是七年级第十单元的内容,其教学对象是初一级学生。学生经过一个学年的学习,初步具备了独立学习地理的思维和能力;思想活跃,感情丰富,求知欲强,好胜心切,在接受知识上往往带有浓厚的感情色彩,乐于接触有趣的感性知识;有一定的自主性,但自主学习的能力不够强,需要一定的指导与帮助;处于课堂自控能力培养阶段;有一定的分析与判断能力,能对资料进行初步整理。根据以上的学生特点,在教学过程中要多用一些能够激发学习兴趣的方法,提高学习积极性和兴趣。如以学生感兴趣的话题导入;教学过程中以实图等感官冲击,增强学生的印象;注重学生的读图用图能力,不断提高读图分析能力,增强学生的地理思维能力。

极地地区作为一个独特的地理区域,是一块神秘的土地,对这节内容的安排,分为三部分:冰雪覆盖的地区(恶劣的自然环境)、科学考察的宝地(丰富的资源)、极地的保护与和平利用,知识脉络清晰,层次分明,逻辑性强。可以引导学生沿着这条思路进行学习。

成功之处

从课题研究的目的出发,将学生读图分析能力的培养放在首位,把地球知识和地图知识系统地通过南北极图来加以综合,并结合特殊的南北极地图重新认识经度和纬度,培养学生的空间想象力和在地图上识别地理事物及其方位的能力。本节课注重方法的总结,让学生在消化理解的基础上学会举一反三;充分相信学生,将大部分基础知识点留给学生总结归纳,更有利于掌握;注重媒体的使用,搜集了关于极地地区的大量图片,增加了学生地理学习的兴趣。

不足之处

1.学生活动不是很充分,个别学生的思维占据了全班学生,使得部分学生没有积极思考。
2.对于极地地区位置的讲述特别是海陆位置,不清楚。本课采用的是找到参照,按照一定的方向(如顺时针方向)来记忆。但由于是俯视图,如何对极地周围的大洲、大洋进行准确的定位,一直没有找到很好的方法。
3.时间把握不好。新授内容讲述后,整合时间不足,直接影响了课堂的有效性。

教学再设计

1.改变学生分组,由原来6人一组变为4人一组,使学生充分参与到活动中来。
2.讲述极地地区地理位置时采取图和地球仪相结合的方式,使学生充分观察地球仪并结合地图推测出极地地区的地理位置。

案例三：塔里木盆地

塔里木盆地位于中国新疆维吾尔自治区南部，是中国面积最大的内陆盆地。盆地处于天山、昆仑山和阿尔金山之间。南北最宽处520千米，东西最长处1400千米，面积有40多万平方千米。海拔高度在800~1300米，地势西高东低，微微向北倾，旧罗布泊湖面海拔高程780米，是盆地最低点。塔里木中心是辽阔沙漠，边缘和沙漠间是冲积扇和冲积平原，并有绿洲分布。塔里木盆地中石油、天然气资源蕴藏量十分丰富，分别约占全国油、气资源蕴藏量的1/6和1/4。

一、背景分析

塔里木盆地为人教版八年级《地理》下册第八章"西北地区"第二节内容，在学完西北地区概况之后，教材选择了塔里木盆地作为西北地区的代表区域。首先，塔里木盆地因其特殊的地形和丰富的资源在我国西部开发中具有重要的地位，以西气东输为例，其对我国东西部经济发展都有重大的意义；其次，塔里木盆地的自然环境特点对人口和城镇的分布有较大的影响；最后，作为西部开发的一个重要区域，塔里木盆地经济发展和生态环境保护的矛盾也十分突出，具有典型性和代表性。因此，教材选择塔里木盆地作为西北地区的代表区域。

本节教材从内容上分为两部分：第一部分描述塔里木盆地的自然环境特征，突出它干旱的特点，并结合活动说明当地自然环境对人口、城镇和交通线分布的影响；第二部分突出塔里木盆地能源和资源的开发，彰显这是一块"宝地"，通过活动让学生认识在开发利用资源和能源的过程中必须做到人地协调发展，从而帮助学生树立可持续发展的观念。这两部分彼此之间具有关联性，并以递进的形式呈现。

二、课标解读

1. 课标原文

(1)运用地图与气候统计表归纳某区域的气候特征。
(2)运用地图和其他资料归纳某区域人口、城市的分布特点。
(3)举例说明区域内自然地理要素的相互作用和相互影响。
(4)举例说出区际联系对区域经济发展的意义。
(5)以某区域为例，说明我国西部开发的地理条件以及保护生态环境的重要性。

2. 课标解读

课程标准对"干旱的宝地——塔里木盆地"一课有以下具体要求。

(1)塔里木盆地地理位置、地形因素直接影响了该地区河流、绿洲分布。因此需要利用塔里木盆地地形图，分析其地理位置和地形，推测出该地区河流、绿洲分布情况并能说出原因。自然环境导致其人文环境，了解了塔里木盆地的自然环境就能较容易的推测出该地人口、城市及交通线的分布特点。

(2)突出塔里木盆地能源和资源的开发,彰显这是一块"宝地",如何运用这一宝地——西气东输工程,用事例说明西气东输工程对东西部发展的重要性。

(3)塔里木盆地是西部大开发的一个重要地区,课本以塔里木盆地为例,要求学生体会在西部地区资源的开发利用中经济效益和生态效益双赢的重要性。为以后同类型地区开发自主学习打下基础,进行知识的迁移。

(4)课标强调需要运用地图、图表和其他资料才能进行概括和总结,除了充分利用好课文中提供的地理图表和数据资料外,教师应适当补充和更新图表、数据资料等。

三、学情分析

本节课的教学对象是八年级的学生,他们大多年龄在14周岁左右,这是一个充满感性、矛盾和成长空间的年龄阶段。在知识结构上,经过快两年的学习,多数学生已经具备学习区域地理和区域中的典型代表区域的基础储备,也基本具备如何去分析自然环境特征及其影响的学习方法。少部分学生基础知识薄弱,同学之间差距较大。同时,在平时生活中,学生可能通过电视新闻、网络信息了解到一些西气东输的消息,但对于八年级学生来说,他们阅历浅、知识面较窄,看问题的层次及将知识进行连贯或提炼、整合分析的能力还有待提高,所以此节课学生可能会遇到一些困难。

在能力结构上,初步具备基本的读图能力和简单的分析、归纳地理问题的能力,并且通过初中学习习惯的培养,学生具备较强的自主学习和合作探究能力。但要在地图中能获取的地理信息进行挖掘,甚至运用多幅地图和相关资料结合分析时,他们就有难度了,因此需要通过多读图,教师的引导培养来加强和提高学生读图用图的能力。

在认知结构上,八年级的学生对新事物易产生兴趣,好奇心强,思维活跃但不稳定,且注意力易分散,不能长时间集中精力,每个学生的基础和能力存在着差异,抽象的概念、空洞的数据对他们而言是没有吸引力的。例如,西气东输对东西部经济发展的影响,学生仅仅通过数字是无法完全感受的,这就需要通过时事信息、图片视觉化,将数据与学生所了解的事物和生活联系起来,从而使抽象的、空洞的变成切实的、能感受的。

在心理状况上,长期以来,大多数学生认为地理是非升学科目、不参加中考、学不学无所谓,这些认识可能会导致学生上课态度不积极,并且八年级的学生维持注意力的时间不长,教师如若讲授时间过长,学生就容易分心。所以,每节课的教学设计都须特别注意将复杂的问题分步骤进行化解,让学生能听懂,愿意听;能动脑动手,愿意动脑动手,可运用耳熟能详的故事、图片、地图设计活动,吸引学生注意力,激发他们的学习兴趣。

四、教学重点与难点分析

(一)教学重点确立及依据

首先,塔里木盆地的自然环境特点对人口和城镇的分布有较大的影响;其次,作为西部开发的一个重要区域,塔里木盆地因其特殊的地形和丰富的资源在我国西部开发中具有重要的地位,其经济发展和生态环境保护的矛盾也十分突出,具有典型性和代表性。因此确定教学重点为:

(1)运用地图和其他资料说明塔里木盆地地理位置、地形因素对河流、绿洲分布的作用和影响,归纳塔里木盆地人口、城市及交通线的分布特点;

(2)根据资料,掌握西气东输工程对我国东西部地区经济发展的意义。

(二)教学难点确立及依据

首先塔里木盆地地区的学习内容综合性强,西气东输的原因需要从多个角度去分析。其次是知识跨度大,学生需要将过去所学的知识和本节课的知识以及将来所学的知识结合起来,进行综合分析后才能得到答案。因此确定难点为:

(1)绿洲分布对人口、城镇、交通线分布的影响;

(2)塔里木盆地油气资源的开发对东西部地区的影响。

五、教学资源的运用与开发

(1)充分利用课本地图资源,从图中获取塔里木盆地地理位置从而分析出其气候特征——干旱。同时让学生对地理事物的位置分布形成空间概念。

(2)课外相关资源补充,将西游记故事贯穿整个课堂,增加学习的趣味性。

(3)活用多媒体资源,展示有关塔里木盆地地区的视频和图片,让课堂教学内容形象化、具体化,同时也激发学生学习兴趣,唤起学生的求知欲。

六、教学目标

(1)通过楼兰古国探秘活动设计层层递进、互为关联的问题探究活动,运用地图和其他资料说出塔里木盆地地理位置、自然特征、主要城镇、绿洲及交通线的分布特点;归纳塔里木盆地地理位置、地形因素对河流、绿洲分布的作用和影响。

(2)根据资料,掌握西气东输工程对我国东西部地区经济发展的意义。以西气东输为例了解塔里木盆地油气资源开发利用的成功经验。

(3)运用综合思维方法,从多个维度对楼兰现象进行分析,认识各要素之间相互作用、相互影响、相互制约的关系,并在一定程度上解释其发生、发展和演化的过程,从而较全面地观察、分析和认识不同地方或区域的地理环境特点。

(4)激发地理学习兴趣,关心我国油气资源国情,增强因地制宜、区域共谋发展的观念以及环保意识,帮助学生树立人地协调发展、可持续发展的观念,提高学生的核心素养。

七、教学方法

本节内容主要采取 M-ACK 课程教学模式进行教学。这节内容主要采用先行组织者和认知构建策略中上位构建、下位构建、并列结合构建进行学习。M-ACK 课程教学模式能够有效帮助学生构建自己的知识结构,教师在教案中标明何处使用这些策略的地方,意在提醒自己要有意识地帮助学生理清自己的思维。

八、教学流程

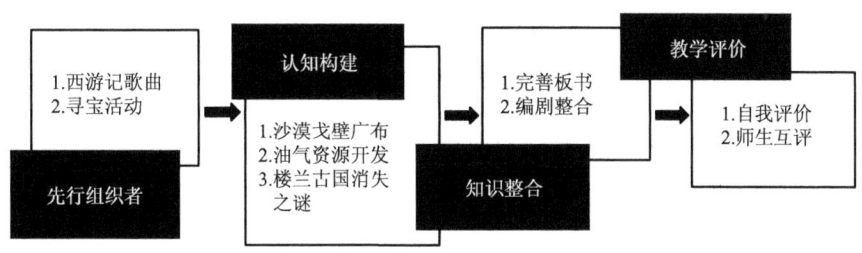

九、教学过程

教学内容	教师行为	学生行为	设计意图
导入新课 (1分钟)	(播放)动画版西游记主题曲 看来同学们都看过《西游记》!这次师徒四人将前往塔里木盆地,传说塔里木盆地有一楼兰古国,在古国里藏有一神秘宝盒,宝盒里到底有什么宝贝呢?今天我们就跟随这师徒四人走一遭,一起走进塔里木盆地。	学生马上就回答《西游记》的主题曲。 回忆西游记中人物,和师徒四人一起走进塔里木盆地。	用《西游记》作为先行组织者,引起学生的兴趣。

续表

教学内容	教师行为	学生行为	设计意图
一、沙漠和戈壁广布（16分钟）	这张是我们此行的路线图，在寻找楼兰古国的路途中，师徒四人会遇到很多难题。请同学们四人为一小组（前后桌），每回答对一题可以获得一张小纸条，最后看哪一组获得的小纸条最多，就说明哪个组对师徒四人帮助最大。为了表达感激之情，师徒四人将会以楼兰古国的宝盒作为谢礼。大家加油吧！ 首先四人到达塔里木盆地之后，发现这有一种奇怪的树，叫胡杨树。这种树"生而一千年不死，死而一千年不倒，倒而一千年不腐"。 (提问)生而一千年不死说明其生命力顽强；死而一千年不倒说明其根系发达；那倒而一千年不腐说明此地有何自然特征呢？ 有同学说是因为干旱？到底是不是呢？我们先来分析一下这个地区的气候特征。 从喀什地区的气温降水图可以看出这地区冬冷夏热，降水稀少，气候干旱，属于温带大陆性气候。那这个地区为什么如此干旱呢？我们先来看看塔里木盆地的位置和范围。 (小结)塔里木盆地位于我国新疆南部，天山山脉和昆仑山脉、阿尔金山脉之间，是我国面积最大的盆地。 了解了塔里木盆地的位置和范围之后，请同学们回忆七年级上册学过的影响降水的因素有哪些呢？（距海远近和地形因素）。接着我们来分析下为什么这个地区气候如此干旱！ (小结)塔里木盆地远离海洋，周围又有高大山脉环抱，来自海洋的气流不易到达，所以气候干旱，降水稀少。 (承转)了解了这个地区的气候特征和成因之后，继续我们的行程。 师徒四人转悠了半天也没找到楼兰古国。大家又饥又饿，于是准备找户人家化缘。请问他们要去哪儿才能找城镇化缘呢？	分组，认真聆听游戏规则。 分析不腐的原因——气候干旱。 读图分析本地区气候特征。 分析塔里木盆地位置和范围； 分析本地区气候干旱原因。	设计游戏通过逐层递进的问题，引导学生在地图上发现塔里木盆地主要城镇、绿洲、交通线、沙漠以及水源的关联。增加相应的材料作为先行组织者帮助学生感受自然环境和人文环境之间的联系。 影响降水的因素在七年级学习过，今天所学是对旧知识的应用，属于下位派生学习。

续表

教学内容	教师行为	学生行为	设计意图
一、沙漠和戈壁广布（16分钟）	（提问）①城镇分布在哪？ ②绿洲分布在哪？ ③绿洲的分布和水源有关系吗？ ④塔里木盆地有哪些城镇？ 　　城镇与城镇之间并不是完全独立存在的，便利的交通使得城镇之间的往来更加密切，请同学们仔细观察，塔里木盆地的交通线主要分布在哪？ （承转）塔里木盆地地区不仅有城镇还有很多特色新疆美食，如烤羊肉、大盘鸡、抓饭、馕等；各个城镇由于自然环境的差异，特色产品也不相同。如叶城盛产核桃、石榴，被称为"核桃之乡"和"石榴之乡"；库尔勒盛产香梨，被称为"梨城"；库车盛产白杏；和田盛产红葡萄；等等，师徒四人该去哪个城镇才能使猪八戒这个吃货满意呢？请同学们帮助他们选择要去的城镇。 **塔里木盆地的水源**  　　师徒四人来到叶城（假设），当地农户拿出本地瓜果热情招待了师徒四人。猪八戒抢先拿起一块哈密瓜放进嘴里，果然香甜多汁。 　　农户还向猪八戒介绍说，别看我们这气候干旱，我们天越干越旱越盼晴。 （提问）咦？这个地区气候如此干旱，水果却香甜多汁，水从哪里来呢？为什么天越干越旱越盼晴呢？ （小结）塔里木盆地的水主要来源于冰雪融水和山地降水。	找到城镇所在地，通过图分析了解塔里木盆地水源、城镇、交通分布之间的关系。 通过给出问题，寻找塔里木盆地的水源。	设计活动，通过分析塔里木盆地水源、城镇、交通分布之间的关系，初步掌握地理事物之间的相互作用。
二、油气资源的开发（18分钟）	（承转）师徒四人吃饱喝足后与农户聊起天来。闲聊中，农户了解到师徒四人乃得道高僧，法力无边，因此对四人说，别看我们这沙漠戈壁广布，其实我们这是块宝地，里面的宝贝多着呢，就在塔克拉玛干沙漠里面，只不过沙漠里有一妖怪，我们不敢过去。 （提问）农户说这是块宝地，里面的宝贝多着呢。那这个宝贝是什么？多着？是有多少呢？ （小结）原来塔里木盆地蕴藏着丰富的油气资源，尤其是天然气储量占全国陆上天然气储量的1/4左右。 （提问）既然塔里木盆地有这么多油气资源，我们怎样才能将这些资源运送出来呢？ （小结）刚刚同学们说很多，其实运输油气资源主要使用的公路运输和管道运输。如果货物运输量比较小我们一般采取公路运输，我们就先来看下公路运输方式——沙漠公路。	观察课本中图8.19分析塔里木盆地油气资源储量及分布情况。 公路、管道等。	由故事情节引出塔里木盆地拥有丰富的油气资源，进一步用图文资料作先行组织者，形成对塔里木油气丰富的具体认识。

续表

教学内容	教师行为	学生行为	设计意图
二、油气资源的开发（18分钟）	 出示塔里木盆地交通线分布图。从图中可以看出，有两条纵贯塔克拉玛干沙漠的公路，这两条公路不仅缩短了城镇之间的距离，还是运输沙漠内部油气资源的重要通道。 沙漠公路修之不易，公路极易被流沙吞噬，为了防止这种现象发生，工程人员在公路两边修建栅栏和草方格，种植耐旱植被。 如果货物是液态或气态，且量比较大。我们一般会采用管道运输。 **(提问)**①塔里木盆地区蕴藏了如此丰富的油气资源，它主要使用哪种运输方式运送呢？我们又将这一工程命名为什么呢？为什么这样命名？ ②读课本中图8.21找一找西气东输线路的起点和终点，经过了我国的哪些省级行政区？ **(提问)**西气东输能为我国东西部地区的发展带来哪些经济效益？ **(合作探究)**发展中我们不能只关注经济效益，也要注重生态效益，做到人地协调发展，请同学们分析学案中第1题的两则材料，讨论西气东输工程是如何体现其生态效益的。 材料一：西气东输工程靖边至上海段于2003年10月1日投产，连续安全运营一年以来，累计向下游四省一市21家用户供气超过7亿立方米。按照规划，西气东输工程正式投入使用后每年沿线下载天然气120亿立方米，供长江三角洲地区100亿立方米。这120亿立方米的天然气，意味着可替代900万吨标准煤，每年减少烟尘排放27万吨。据中国石油天然气集团公司一位主管官员介绍，西气东输管线的建成将使中国的天然气产量增加50%，这将对改善生态环境具有重要意义。 材料二：为避免在西气东输工程的施工过程中破坏沿线的生态环境，工程严格规定施工区域为28米宽；施工过程中要尽量避免破坏地表植被，废弃物全部回收，土石方全部回填，而且用于沿线环保的经费占到了总费用的3.6%！ **(承转)**同学们还记得师徒四人此行的目的吗？唐僧他们转悠了一圈也没找到楼兰古国，于是询问农夫，农夫告诉他们，楼兰古国早在4世纪就消失了。据说这与塔里木盆地自然环境的变化有关。	补充相应文字材料，拓展学生知识面的同时培养其分析问题的能力。 分析为何要西气东输。 分析西气东输工程一线和二线 分析西气东输工程对东西部发展的意义，总结西气东输工程的生态效益。	进一步体会为什么要"西气""东输"。

第四章 案例分析

续表

教学内容	教师行为	学生行为	设计意图
二、油气资源的开发（18分钟）	**（提问）**请同学们讨论分析学案中第2题的两则材料，说说楼兰古国为什么会消失。 **材料一**：楼兰古国位于塔里木盆地塔克拉玛干沙漠以东，罗布泊地区西北部。公元2世纪以前，从大的环境背景来看，塔里木盆地接近欧亚大陆中心，属于暖温带荒漠区，其周边并无高大山脉（如昆仑山、天山等）。这个地区虽然远离海洋，气候较为干燥，但是由于楼兰位于塔里木河的下游绿洲，水源较充足。 **材料二**：塔里木盆地地区在干旱环境的控制下，山脉逐渐隆起抬升，加强了塔里木盆地气候向干旱方向发展，气候变化比较单调，只有温度的变化，无明显的干湿波动，即干热和干冷相交替，慢慢地缺乏水源补给的绿洲逐步退化成沙漠。 **（拓展提高）**瓜达尔港位于巴基斯坦俾路支省西南部，为深水港。中国政府应穆沙拉夫总统的请求为该港口建设提供资金和技术援助。该港口于2002年3月开工兴建，2015年2月瓜达尔港基本竣工，4月中旬全面投入运营。中国部分石油的运输路程将缩短85％。 请同学们课后查找相关资料，就下列两个问题写一篇小论文。 1. 瓜达尔港的开通对我国新疆地区有何经济效益； 2. 瓜达尔港的开通对我国"一带一路"倡议有何影响。	阅读材料分析楼兰古国消失原因。 课后查找资料完成论文。	学生通过阅读材料分析答案，培养他们信息提取和问题分析能力。 通过活动提高学生的地理实践力。
知识的协调整合（8分钟）	请同学们拿出"塔里木盆地"编剧表按要求编写剧本。	编写剧本。	构建自己的知识体系
评价（1分钟）	请同学们完成评价表。	自我评价——帮助其更好地认识自己。	
颁奖（1分钟）	看看哪组小纸条最多。	获奖感言。	

十、板书设计

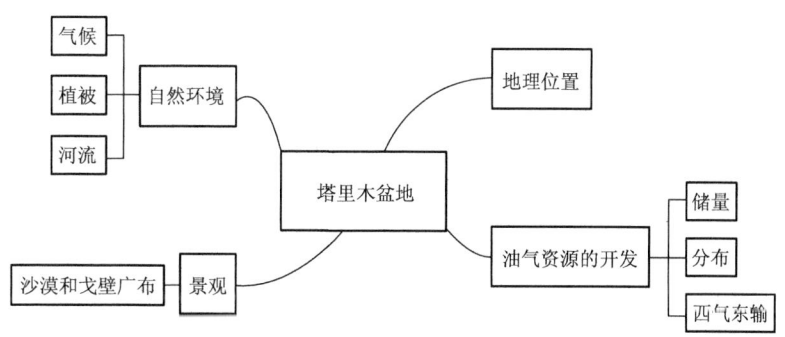

99

十一、教学反思

成功之处
1. 新课导入的效果明显：以唐僧师徒四人塔里木盆地探宝导入吸引学生注意力，效果较好。 2. 在整个教学活动中用唐僧师徒四人的故事贯穿始终并采用小组讨论、交流的学习方式，不仅关注学生个体，更关注群体的学习参与程度，注重参与面。 3. 课件的设计符合学生的年龄特征：八年级学生形象思维强，有强烈的好奇心。因此，在课件中运用了大量直观的地图，大大激发学生的学习兴趣，课堂效果非常好。

不足之处
1. 有些问题的设计应该更加具体，使学生知道教师提问的目的。 2. 课后作业难度有些大，应该适当补充一些相关资料稍加分析之后，可能孩子们思考的角度和深度会有所不同。

教学再设计
1. 尝试微课教学 　　整堂课以唐僧师徒四人塔里木盆地探秘活动为主线，将本节课所有内容加入其中。本课是以解决师徒四人路途中困惑的分段式教学。通过问题一步步解决最终到达目的地。其实可以将唐僧师徒四人探秘活动先录制一个微课，让学生自主观看之后，将问题抛出，师生共同解惑。 2. 调整时间 　　在时间的安排上应该做适当的调整，对于比较简单的问题，没有必要让学生思考过多时间。 3. 重新设计过度承转 　　某些过度承转用词比较生硬，需要再次设计。

附件:

《第二节 干旱的宝地——塔里木盆地》学案

【学习目标】

1. 归纳塔里木盆地主要城镇、绿洲及交通线的分布特点。
2. 举例说明塔里木盆地地理位置、地形因素对河流、绿洲分布的作用和影响。
3. 掌握西气东输工程对我国东西部地区经济发展的意义。
4. 了解塔里木盆地油气资源开发利用的成功经验,体会在西部地区资源的开发利用中经济效益和生态效益双赢的重要性。

【重难点】

重点:① 运用地图和其他资料归纳塔里木盆地人口、城市及交通线的分布特点。
　　　② 说明塔里木盆地地理位置、地形因素对河流、绿洲分布的作用和影响。
　　　③ 根据资料,掌握西气东输工程对我国东西部地区经济发展的意义。
　　　④ 以塔里木盆地为例,体会在西部地区资源的开发利用中经济效益和生态效益双赢的重要性。

难点:① 绿洲分布对人口、城镇、交通线分布的影响。
　　　② 塔里木盆地油气资源的开发对东西部地区的影响。

【合作探究】

1. 认识西气东输工程对东西部地区发展的意义。分析下列两则材料,讨论西气东输工程有何生态效益。

材料一:西气东输工程靖边至上海段于 2003 年 10 月 1 日投产,连续安全运营一年以来,累计向下游四省一市 21 家用户供气超过 7 亿立方米。按照规划,西气东输工程正式投入使用后每年沿线下载天然气 120 亿立方米,供长江三角洲地区 100 亿立方米。这 120 亿立方米的天然气,意味着可替代 900 万吨标准煤,每年减少烟尘排放 27 万吨。据中国石油天然气集团公司一位主管官员介绍,西气东输管线的建成将使中国的天然气产量增加 50%,这将对改善生态环境具有重要意义。

材料二:为避免在西气东输工程的施工过程中破坏沿线的生态环境,工程严格规定施工区域为 28 米宽;施工过程中要尽量避免破坏地表植被,废弃物全部回收,土石方全部回填,而且用于沿线环保的经费占到了总费用的 3.6%!阅读课本第 82 页的两则材料,讨论在西部地区资源的开发利用中,"经济效益和生态效益双赢"是怎样得以体现的?

2. 请同学们分析材料,说说楼兰的兴衰和塔里木盆地自然环境的变迁有何关系。

材料一:公元 2 世纪以前,从大的环境背景来看,塔里木盆地接近欧亚大陆中心,属于暖温带荒漠区,其周边并无高大山脉(如昆仑山、天山等)。这个地区虽然远离海洋,气候较为干燥,但是由于楼兰位于塔里木河的下游绿洲,水源较充足。

材料二:塔里木盆地地区在干旱环境的控制下,山脉逐渐隆起抬升,加强了塔里木盆地气候向干旱方向发展,气候变化比较单调,只有温度的变化,无明显大的干湿波动,即干热和干冷相交替,慢慢地缺乏水源补给的绿洲逐步退化成沙漠。

M-ACK 地理课程的开发和应用

案例四:八年级下册区域地理复习——以区域对比为例

一、学习目标

(1)通过对比西北地区和青藏地区的自然特征培养学生区域认知的能力,初探区域对比的基本方法;

(2)能够将区域对比法运用到不同区域的不同对比点当中,使用综合思维对比区域;

(3)能够通过读图、析图,提取图中信息。

二、学情分析

本节课的教学对象是八年级的学生,他们大多年龄在14周岁左右,这是一个充满感性、矛盾和成长空间的年龄阶段。在知识结构上,经过快两年的学习,多数学生已经具备学习区域地理和区域中的典型代表区域的基础储备,也基本具备如何去分析自然条件特征及其影响的学习方法。少部分学生基础知识薄弱,同学之间差距较大。

在能力结构上,初步具备基本的读图能力和简单的分析、归纳地理问题的能力,并且通过初中学习习惯的培养,学生具备较强的自主学习和合作探究能力。但要在地图中能获取的地理信息进行挖掘,甚至运用多幅地图和相关资料结合分析时,他们就会遇到难度了,因此需要通过多读图,教师的引导培养来加强和提高学生读图用图的能力。

在认知结构上,八年级的学生对新事物易产生兴趣,好奇心强,思维活跃但不稳定,且注意力易分散,不能长时间集中精力,每个学生的基础和能力存在着差异,抽象的概念、空洞的数据对他们而言是没有吸引力的。

在心理状况上,长期以来,大多数学生认为地理是非升学科目、不参加中考、学不学无所谓,这些认识导致学生上课态度不积极,只有少数爱好地理的学生能够积极参与。八年级的学生维持注意力的时间不长,教师如讲授时间过长,学生容易分心,所以,每节课的教学设计都须特别注意将复杂的问题分步骤进行化解,让学生能听懂、愿意听;能动脑动手,愿意动脑动手,可运用耳熟能详的故事、图片、地图设计活动,吸引学生注意力,激发他们的学习兴趣。

三、教学重点与难点分析

1. 教学重点

(1)读图对比分析青藏地区和西北地区自然特征;

(2)通过学习掌握基本的区域对比方法并能够进行知识迁移。

2. 教学难点

(1)能否深刻理解不同的地理要素会导致区域发展差异;

(2)学生能否进行知识的迁移。通过对比分析这两个地区学会分析其他区域的方法。

四、教学方法

M-ACK 课程教学模式。

五、教学流程

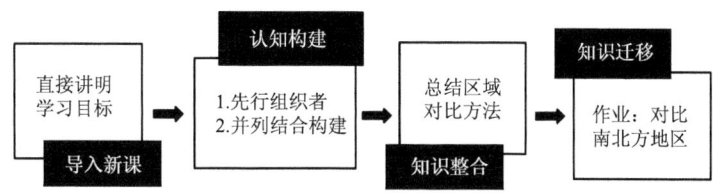

六、教学过程

教学内容	教师行为	学生行为	设计意图
导入新课 (1分钟)	同学们,在日常教学当中老师经常会使用对比的方法进行教学,这是因为在学习过程中,对比学习是一种重要并且有效的学习方法。同样,在命题中也常常将两个区域进行对比。今天我们就将使用对比法进行我国区域地理的复习。	回想什么是对比法。	直接说明本课主要内容,使学生了解学习目标。
不同区域农业对比 (37分钟)	(展示)"我国四大地理区域图"。 　　首先,我们来观察这一张我国四大地理区域图。在任何一张图上,我们首先应该找这张图上的点、线、面。 (提问) (1)图中有哪些点? (2)图中有哪些线? (3)图中有哪些面?	认真观察地图,寻找图中的点、线、面。 首都,所以以后看到这个图例就表示这个城市是这个国家的首都。 国界线、省界线、回归线、四大地理区域分界线、山脉线、河流线。 中华人民共和国;34 个省级行政区;四大地理区域;阴影部分的 8 个小区域。	通过涂色填图活动作为先行组织者,使得学生能够准确在图中找到相应区域的位置,直观地感受由于所处地理位置的差异导致其自然地理要素的不同。

续表

教学内容	教师行为	学生行为	设计意图
不同区域农业对比(37分钟)	本学期我们首先学习了我国四大地理区域。 **(提问)** (1)是哪四大区域呢? (2)分别位于哪里呢? 　　请同学们选择其中一个自己喜欢的区域用彩铅上色,由于时间关系其余的部分请同学们回家完成。 　　在这四大区域中我们又选择了8个具有代表性的小区域进行学习,就是图上阴影部分。 **(提问)** (1)这8个小区域分别是? (2)哪些属于北方地区;哪些属于南方地区;哪些属于西北地区;哪些属于青藏地区呢? (3)请说这8个小区域的位置特点。 **(教师总结)**请找区域关键词 ①东北三省——东北——三省——"白山黑水" ②黄土高原——黄土/黄河(强调最大黄土堆积区,黄河含沙量大是由于其中游河段流经黄土高原 ③塔里木盆地——干旱——深居内陆 ④三江源地区——三江 ⑤长江三角洲地区——长江入海口 ⑥剩下三个是省级行政区,它们的地理位置有什么特点呢? 请同学们在这8个区域的名称全部填在图上。 　　总体来看,8个小区域中南北方地区各选择了3个,而西北和青藏地区则只选择了一个。为什么这么安排呢,这主要和我们国家人口分布东多西少有关,南北方地区人口较多,所以我们的关注点相对要多一些。 　　复习了我国区域的大致情况之后,我们就开始将区域进行对比。我们就先将西北地区和青藏地区进行对比。西北地区和青藏地区人口较少,所以它们的区域特征主要体现自然方面,而非人文方面。由于两个区域的环境相对单一,所以我们可以用两个简单的词来概括整个区域的共性。	全班同学集体说出四大地理区域名称并请一位同学上台在图中指出它们所处的位置,其他同学观察并及时纠正。 学生用自己桌上的彩铅给自己喜欢的区域上色。 随机挑选一组同学一个接一个说出8个小区域的名称。对于记不清楚的同学,请打开八年级下册教材目录查看。通过目录学生很明确地知道东北三省、黄土高原、北京位于北方地区;长三角、港澳和台湾位于南方地区;塔里木盆地位于西北地区;三江源位于青藏地区。 随机挑选一组同学一个接一个说出8个小区域的位置特点。 学生读图可知白山黑水指的是长白山和黑龙江,三省包括黑龙江、吉林和辽宁。 学生可能回答:黄土堆积区或黄河。 可能会答周围山脉,也可能回答内陆地区。 可能会回答青藏地区、青海省,我国三江——长江、黄河、澜沧江的源头。 学生可能会答长江,也可能回答江海交汇之地。重点强调长江入海口。 观察学案上的图,可能会回答位于我国东部且都距海较近,港澳和台湾省直接临海。 直接在自己喜欢的区域上写出区域名称。 引导学生说出我国人口分布具有东多西少的特点。	以目录作为先行组织者能够使学生很快回忆起所学区域及其归属。 当第一个同学给出答案得到老师的肯定答复时,其余同学就会依照第一个同学的答案或模仿或拓展的方式来回答,形成学生之间并列结合构建。 将我国人口分布特点顺带复习,进行并列结合构建。 将西北地区和青藏地区的自然特征通过并列结合构建的学习方式和学生一起探究区域对比的基本方法。

M-ACK地理课程的开发和应用

104

续表

教学内容	教师行为	学生行为	设计意图
不同区域农业对比(37分钟)	(提问) (1)这两个地区的自然特征是什么? (2)为什么有这样的地理特征呢? (3)西北地区受其自然特征"干旱"的影响,其主要景观有哪些? (4)青藏地区受其自然特征"高寒"的影响,其主要景观有哪些? (5)西北地区受其自然特征"干旱"的影响,其河流有何特点? (6)青藏地区有没有外流河呢? 全段都是吗? 再来看看两个区域的农业。 (1)西北地区的农业 (2)青藏地区的农业 我们现在再来看这两个区域会发现,虽然共性上面两个区域都是人烟较少,反映了自然地理特征。但是由于所处的地理位置和地理环境的差异造就了其区域特征上有了明显的差别。西北地区以干旱为主,青藏地区以高寒为主,以上就是我们对这两个区域的认知。四大地理区域中还剩下两个——南方和北方地区。这两个区域的情况就复杂多了,为什么呢? 因为人多了,所以在分析其区域时除了考虑其自然环境还要考虑其人文环境。	西北地区——干旱; 青藏地区——高寒; 西北地区——地理位置; 青藏地区——地形。 从东到西是草原—荒漠草原—荒漠,这与它的降水量有关,西北地区降水量是自东向西逐渐减少的。 高寒景观。 河流稀少,从河流类型上来说,主要是内流河(塔里木河),多为季节性河流。 有外流河,不是全段都是。青藏地区自然特征中的"高"决定了它是这些外流河的源头。 学生从西北地区干旱的自然特征可知,与其他区域相比,制约其农业发展的主要因素就是水。因为天然降水总体较少,难以满足农作物的生长需求,所以在局部可以提供灌溉用水的地方才能发展种植业,仅依赖天然降水只能发展畜牧业。因此,西北地区的农业主要是畜牧业和灌溉农业。 再来分析青藏地区。与其他区域相比,制约其农业发展的主要因素就是气温低。在高原面上,气候条件差,再加上土层较薄,不利于农作物的生产,只能发展高寒牧业。 青藏地区农业除了有畜牧业之外,和西北地区一样也有种植业。其种植业只分布在河谷地区,形成河谷农业。为什么呢? 这是因为青藏地区的有些河谷海拔相对较低,气温较高,热量相对充足,土壤条件相对较好,能够发展种植业。 认真聆听,进一步体会区域特征与其地理要素之间的关系。	
知识迁移(课后作业)	请同学们根据刚刚使用的分析方法就东北三省的农业与西北地区的农业进行对比。	完成活动。	培养学生进行知识迁移的能力。

续表

教学内容	教师行为	学生行为	设计意图
知识整合 (6分钟)	请同学们使用格子整合法对我国四大地理区域进行知识整合。	使用格子整合法进行整合。	帮助学生构建自己的知识体系。
结束语 (1分钟)	今天我们学习了区域对比的基本方法。课后,大家要尝试用这种方法,自己寻找更多的区域进行对比。	细细体会今天所学习的方法。	提醒学生实践是巩固新知的有效方法。

七、板书设计

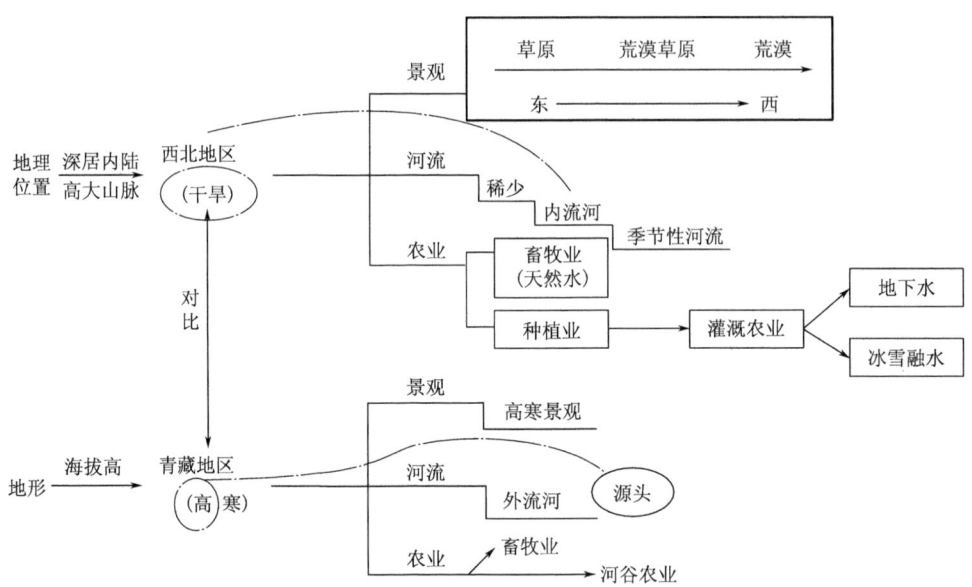

八、教学反思

成功之处
1.开篇直接使用点题的方式告诉学生要用对比的方法进行复习。
2.在整个教学活动中,地图始终贯穿整个教学过程,注重培养学生的阅读地图和分析地图的能力。
3.课堂活动设计符合学生的年龄特征。八年级学生形象思维强,有强烈的好奇心。因此,在复习中运用了彩铅填图等方式,大大激发学生的学习兴趣,课堂效果非常好。
4.运用并列结合构建使得学生掌握区域地理的学习方法,深刻感受自然地理和人文地理之间的相互联系。
不足之处
1.有些问题的设计应该更加具体,使学生知道教师提问的目的。
2.西北地区的景观是从东到西依次是草原、荒漠草原和荒漠。因此板书设计时应该横向分布,便于学生感官记忆。
教学再设计
1.尝试制作微课作为先行组织者   整堂课开篇可以用西北地区和青藏地区的差异图片先制一个微课,让学生自主观看之后,将地图抛出,师生在读图的过程中共同解惑。
2.重新设计过度承转   某些过度承转用词比较生硬,需要再次设计。

案例五：乡土地理社会调查案例——以白云铝工业基地发展条件及其对环境影响的调查研究为例

一、课标解读

(一)课标原文

(1)结合实例，分析工业、农业和服务业的区位因素。
(2)结合实例，分析运输方式和交通布局与区域发展的关系。
(3)以国家某项重大战略为例，运用不同类型的专题地图说明其地理背景。

(二)课标解读

(1)课标要求结合实例，选择白云铝工业基地发展作为实例调查，说明的是产业的区位因素，包括自然因素、社会经济因素等。白云铝工业基地发展至今，出现了铝制品加工、销售等相关的产业，因此白云铝工业基地发展的案例涉及工业、服务业的区位分析。

(2)区位分析的步骤：第一步，列出所有的区位因素；第二步，分析所列出的因素对生产活动的成本或收益的可能影响；第三步，针对特定的生产活动，假设某些区位因素相同的情况下，比较若干地点的区位因素优劣。对于初中学生，对区位的分析重在建立一个思维路径，不需要用数据计算得出最佳的区位。

(3)某些要素通过调查获取周期太长，因此可以通过资料查询，如劳动力因素可以通过政府网站数据查询等途径了解；市场因素可以调查铝制品交易市场，了解其销售情况；交通数据也可通过网上数据查询了解；政策因素可以通过走访了解。因此本调查需要以网络资料查询和实际调查相结合的方式进行。

(4)由于初中学生没有系统学习过影响区位的因素有哪些，因此需要教师先给出先行组织者，帮助学生通过学习先行组织者了解影响工业发展的区位因素，本案例中的先行组织者是鲁尔工业区发展，帮助学生通过对照鲁尔工业区发展模式，探索铝工业基地发展道路。

二、学情分析

教学对象是八年级的学生，他们大多年龄在14周岁左右，这是一个充满感性、矛盾和成长空间的年龄阶段。在知识结构上，学生之前已学过工业的相关知识，对本次调查活动奠定了良好的基础。同时，在平时生活中，学生可能通过电视新闻、网络信息，了解到国家重大项目的一些相关消息，但八年级学生的阅历浅、知识面较窄，看问题的层次及将知识进行连贯或提炼、整合分析的能力还有待提高，所以此节课学生可能会遇到一些困难。

在能力结构上，初步具备基本的读图能力和简单的分析、归纳地理问题的能力，并且通过

M-ACK 地理课程的开发和应用

初中学习习惯的培养,学生具备较强的自主学习和合作探究能力。但要在地图中能获取的地理信息进行挖掘,甚至运用多幅地图和相关资料结合分析时,他们就会遇到难度了,因此需要通过多读图,以及教师的引导培养来加强和提高学生读图用图的能力。

在认知结构上,八年级的学生对新事物易产生兴趣,好奇心强,思维活跃但不稳定,且注意力易分散,不能长时间集中精力,每个学生的基础和能力存在着差异,抽象的概念、空洞的数据对他们而言是没有吸引力的。

三、教学目标

(1)运用交通图、矿产分布图、贵阳市政区图能够分析出白云铝工业基地的区位因素,培养学生区域认知能力。

(2)通过调查可以分析出白云铝工业基地发展的优势和劣势,培养学生综合思维能力。

(3)通过分析可以了解国家建立该基地的原因,深刻体会国家政策的正确性,形成正确的人地协调观。

(4)通过实地调查活动,培养学生的地理实践力。

四、学习内容

调查内容	调查目的
1.学习鲁尔工业区发展模式	初步了解影响工业区位的因素有哪些,归纳工业发展和布局的因素
2.网上查询贵州矿产资源分布图	初步了解原材料的分布对白云铝工业基地的建立有何影响
3.网上查询贵阳行政区分布图、产业规划图、矿产分布图和交通图	初步了解交通和国家政策对白云铝工业基地的建立有何影响
4.走访,分析白云铝工业基地发展和布局特点	了解白云铝工业基地发展条件
5.对基地周边人群运用调查问卷	分析白云铝工业基地对周边环境的影响

五、教学资源

(一)文献资料

(1)《高中地理》(必修2)。
(2)孙萍,2005.提高我国铝工业污染控制技术[J].有色金属设计(2):25-26.
(3)黄东亮,刘春晓,2015.铝工业行业循环经济调研分析[J].广西节能(4):16-17.

(二)图件资料

贵阳市政区图、贵阳市矿产资源分布图、贵阳市交通图、白云铝工业基地规划图等。

六、组织准备

(一)资料准备

白云铝工业基地相关资料、专题地图、确定调查的行走路线、调查问卷等。

(二)器材准备

照相机、笔、笔记本。

(三)组织准备

提前安排好交通工具,确定参与调查人员,4个学生为一个调查小组,小组长负责小组的校外考察、现场讨论、室内准备、作业检查等组织工作。考察前要将相关事宜告知学生家长,以征得家长的同意和支持。

(四)安全准备

教师做好安全教育,指导学生正确处理突发事件,设置安全小组,携带基本救生物品。

七、教学方法

本节内容主要采取 M-ACK 地理课程教学模式进行教学。这节内容主要采用先行组织者和认知构建策略中上位构建、下位构建、并列结合构建进行学习。M-ACK 地理课程学习模式能够有效帮助学生构建自己的知识结构。

八、实施过程

教学内容	教师行为	学生行为	设计意图
室内阅读	(展示)请同学们看图分析影响工业区位分布的因素 (总结) 1.原料导向型:原料不便于长途运输或运输原料成本较高的工业。 2.市场导向型:产品不便于长途运输或运输原料成本较高的工业。 3.动力导向型:需要消耗大量能量的工业。 4.劳动力导向型:需要投入大量劳动力的工业。 5.技术导向型:技术要求高的工业。 (展示)中国铝土矿分布图,分析贵阳铝土资源情况。 (展示)中国交通铁路分布图,分析白云铝工业基地交通优势。	工业区位因素包括:土地、水源、工人、政府、原料、动力、运输、市场。 学生思考并举例说明不同导向型工业: 1.制糖工业、水产品工业、水果加工业; 2.家具厂等; 3.电解铝工业应该接近火电厂、水电厂。 4.服装工业、电子工业; 5.飞机、电子产品。 学生通过读图分析得出贵州地区铝土矿资源丰富。 学生分析交通分布图可得出白云铝工业基地位于贵阳市白云区,交通较贵州其他地区发达得多。	八年级学过工业的定义和工业的分布,学生简单地了解一些影响工业区位分布的因素。所以给学生提供相应的资料作为先行组织者帮助学生分析影响工业区位的影响因素,培养他们利用材料分析和解决问题的能力。
	(对比分析)阅读德国鲁尔工业区相关资料,回答下列问题。 　　德国鲁尔工业区是典型的传统工业地域,被称为"德国工业的心脏"。它位于德国中西部,地处欧洲的十字路口,又在欧洲经济最发达的区域内,邻近法国、荷兰、比利时、丹麦、瑞典等国的工业区。 　　鲁尔区有着丰富的煤炭资源。煤炭地质储量为2190亿吨,占全国总储量的3/4,其中经济可采储量约220亿吨,占全国90%。鲁尔区的煤炭煤质好,煤种全,品位高,为优质硬煤田,露天煤矿丰富。 　　纵横鲁尔区的莱茵河纵贯全区南北,莱茵河口上的7000吨级海轮和8000吨的船队可直抵杜伊斯堡港。同时,鲁尔区东部可利用多特蒙德—埃姆斯运河航运,经埃姆登港与海外运输联	仔细阅读材料,分析回答问题: 1. 煤炭资源丰富,虽然钢铁资源并不丰富,但德国鲁尔工业区距离钢铁产区很近;交通方便,有莱茵河流经,水运方便,水资源丰富,有利于工业发展。而且莱茵河流量较大,水位季节变化小,无结冰期,中下游地区流经平原,地势平缓,水流平稳,利于航行;鲁尔区内人口稠密,城市化水平高,劳动力资源丰富,科技力量雄厚;市场属广阔,有广阔的欧洲乃至世界市场。	结合材料,通过对比的方式,给学生以借鉴,帮助他们找出白云铝工业发展条件。培养他们知识迁移的能力。

110

第四章 案例分析

续表

教学内容	教师行为	学生行为	设计意图
室内阅读	系。所以,虽然鲁尔区地处内陆地区,但由于它有着方便的水运条件,特别是莱茵河通海航运,使得它与沿海地区一样具有廉价运费条件。铁路运输与河运同样发达。区内铁路密度非常大,公路和高速公路四通八达,是区内及其他工业区联系的纽带,从德国西部通往柏林和荷兰的高速公路均从区内通过。 20世纪70年代以来,随着煤炭、钢铁等传统工业的衰退,鲁尔区与世界其他老工业区一样面临着结构性危机,使鲁尔区在德国经济中心的地位下降,其工业产值仅占全国不足1/6。为此鲁尔区开展了区域整治,首先,发展新兴工业和轻工业,促进区内经济结构多样化;其次,调整区内生产布局,开发原来相对落后的莱茵河左岸和鲁尔区北部,与此同时拓展南北向交通网,以利新区开发;再次,大力发展文教科研,推进原有企业的技术改造,同时整治环境,消除污染。 1.归纳鲁尔区有哪几方面优越的区域条件? 2.分析鲁尔区衰落的原因。 3.结合贵阳市行政区图,综合前面分析请同学们阐述白云铝工业基地有哪些区位优势? 4.查找资料,了解白云铝工业基地的发展历程,结合鲁尔区改革创新之路分析白云铝工业基地发展条件及未来发展趋势。	2.(1)生产结构单一。鲁尔区的工业生产以煤炭工业为基础,钢铁工业为主导,高度集中于五大传统工业部门。在这样的生产结构中,如果某一工业部门生产衰落,将引起全区生产的衰落。 (2)煤炭的能源地位下降。20世纪50年代以后,随着石油和天然气的广泛使用,煤炭的能源地位逐渐下降,从而直接导致煤炭的市场需求量的下降,这是造成煤炭工业的衰落的主要原因。炼钢耗煤量的降低是次要原因。 (3)世界性钢铁过剩。钢铁工业衰落的主要原因是激烈的市场竞争和市场需求量下降的综合结果,表现为世界性钢铁过剩。 (4)新技术革命的冲击。这是传统工业区衰落的根本原因。 3.请同学们从地理位置、资源条件等方面具体分析。 4.查阅资料,写出相关小论文。	将鲁尔区工业发展模式与白云铝工业基地发展模式进行并列结合构建。
校外调查	1.组织学生分发调查问卷,组织学生统计之后,结合材料4人一组分析白云铝工业基地对周边环境的影响。 2.参观白云铝工业基地,了解该基地发展状况,并根据参观顺序,画出自己参观地图,在图中标明各处产品特点。	组织学生发放问卷并分析结果。 参观白云铝工业基地,搜集资料完成参观地图。	锻炼学生的交际能力和归纳分析能力和画图能力。
知识的协调整合	请同学们总结工业区位因素使用格子整合法进行整合。	整合知识。	构建自己的知识体系。
调查报告展示交流	撰写《白云铝工业基地发展条件及其对环境影响的调查研究》报告,并分组展示。		培养学生归纳总结能力。
评价	请同学们完成评价表。	自我评价——帮助其更好地认识自己。	

九、考察报告

《白云铝工业基地发展条件及其对环境影响的调查研究》调查报告	
指导教师	戴偲聪
调查地点	白云区

续表

《白云铝工业基地发展条件及其对环境影响的调查研究》调查报告	
调查时间	
调查目的	1.调查白云铝工业基地发展区位条件； 2.掌握地理调查的方法，增强地理实践力。
调查路线	学校—白云区铝工业基地—白云区铝工业基地附近居民区—学校
地理工具	相机(手机)、百度地图APP、写字板、笔记本、笔
调查内容	

一、白云区铝工业基地的地理位置

　　贵阳市白云铝及铝加工基地地处贵阳市白云片区东北部，规划面积为282.8公顷，在贵阳市"三环十六放射"骨架路网中占有十分优越的交通区位：以基地主干道云环路为主轴，北邻环城高速公路，与沙文生态科技基地相连；东邻210国道、贵遵高速公路，与新天片区、龙洞堡片区、二戈寨片区相连；向南可通过金苏大道、210国道与白云片区、金阳新区、小河片区、花溪片区以及孟关装备制造基地相连；西接白云片区东部居住组团。

二、影响白云铝工业基地发展的区位因素

(一)原料因素

　　经过网络资料查询得到以下资料：

(二)市场因素

　　经过网络资料查询及实地访谈得到以下资料：

(三)动力因素

　　经过网络资料查询及实地访谈得到以下资料：

(四)劳动力因素

　　经过网络资料查询及实地访谈得到以下资料：

(五)技术因素

　　经过网络资料查询及实地访谈得到以下资料：

根据五个方面的网络资料收集和实地调查资料分析得出以下结论：

续表

《白云铝工业基地发展条件及其对环境影响的调查研究》调查报告
有利条件
不利条件
三、白云铝工业基地发展对环境影响 （一）调查问卷发放情况 （二）调查问卷统计情况 （三）白云铝工业基地发展对环境有何影响 （四）总结

附件1：

白云铝工业基地的简介

贵阳市白云铝及铝加工基地地处贵阳市白云片区东北部，规划面积为282.8公顷，在贵阳市"三环十六放射"骨架路网中占有十分优越的交通区位：以基地主干道云环路为主轴，北邻环城高速公路，与沙文生态科技基地相连；东邻210国道、贵遵高速公路，与新天片区、龙洞堡片区、二戈寨片区相连；向南可通过金苏大道、210国道与白云片区、金阳新区、小河片区、花溪片区以及孟关装备制造基地相连；西接白云片区东部居住组团。

贵阳市白云铝及铝加工基地是2009年9月贵阳市人民政府明确提出设立的二类特色工业园区,由白云区政府负责开发建设。基地将依托中国铝业贵州分公司、贵州铝厂等龙头企业的优势,延伸铝加工产业链条,吸纳铝加工上、下游企业入驻基地,形成产业集群,打造中国西部铝加工之都。

基地规划由贵阳市城市规划设计研究院精心制作,以中铝贵州企业为依托,以高新技术产业为核心,以铝及铝加工产业为重点,就地直接利用中铝贵州分公司生产的符合标准的合金铝水(液)进行铸造生产,规模发展高端铝及铝合金锭坯、新型高强度铸造铝合金材料、汽车轮毂等产业,逐步形成低成本、高效化、短流程、绿色环保的循环产业链。

基地投资主要突出铝业特色,重点吸纳铝业深精度加工、铝业研发、工业物流、机械制造加工企业入驻基地,形成产业集群,培育完善商贸流通业、房地产业及社会性服务业。

附件2:

贵州白云铝及铝加工基地列为省级工业园区一类培育区[*]

贵州省首批省级一类工业园区、省级工业园区培育区"出炉"。前天获悉,全省首批省级一类工业园区共有8个,其中贵阳有4个园区入选。

根据省级工业园区分类标准,国家级和省级新型工业化产业示范基地的主体工业园区,已经具备省级一类工业园区的基本条件。贵阳市的小孟装备制造业生态工业园区为国家级新型工业化产业示范基地,麦架—沙文高新技术产业园、息烽县磷煤精细化工工业园、清镇铝煤生态工业园区为省级新型工业化产业示范基地,被列为省级一类工业园区。

对未达到省级工业园区基本条件,但具有良好区位优势和经济社会环境、招商吸引力、产业辐射力、有突出主导产业及一定数量项目的工业园区,列入省级工业园区一、二类培育区。贵阳市的花溪金石产业园区、白云铝及铝加工基地、修文工业园区,被列为省级工业园区一类培育区。

目前,贵州省已按照"以奖代补"的方式,对省级一类工业园区和省级工业园区一类培育区,分别安排补助资金1000万元。这些资金主要用于工业园区规划内供水、排水、供电、道路、供气、供热、通讯和土地平整等基础设施建设项目。各园区管委会将以贴息为主、补助为辅的方式,将资金安排到具体项目上。

春日的贵阳,仍带着几分寒意。然而这几分寒意,却挡不住贵阳人工作的热情。当记者随着"2011多彩贵州踏春行"采访团踏上贵阳市白云区铝基地时,映入眼眶的是白云铝基地热火朝天的工作场面。

作为全国最大的铝工业基地,和其他很多地区传统工业基地必须承受的"转型"压力一样,工业振兴、升级打造产业高地成为白云铝基地的重大课题。在贵州实施工业强省战略的背景下,中共贵州省委书记栗战书调研铝及铝加工基地时指示:贵州省要加快耐热高强韧合金"从锭到品"的转化。

省委一把手的指示,给白云区吃了一颗定心丸,也点明了白云铝基地的发展之路。产量"膨胀",产业"补链",项目"拉动"、机制"创新"……为了实现提速增效,白云区推动资源向工业

---

[*] 节选自矿道网(原中国选矿技术网)。

集中,政策向工业倾斜,不断提升工业经济的核心竞争力。

据介绍,贵州省贵阳市白云区铝基地总投资约70亿元,规划总用地282.8公顷,是贵阳市十大产业园之一。白云铝基地在发展中用活政策,突破瓶颈,通过向存量、政策、效率要地,以期解决建设用地瓶颈。同时在招商中打好三张牌,通过资源牌、政策牌、环境牌拓展招商。此外通过整合资源建立投融资平台,以商补工撬动社会资金加盟等多种形式解决资金困境。

据悉,白云铝基地现已完成贵州中旅铝业有限公司15万吨板带项目、贵州华科一期项目、贵州今飞轮毂股份有限公司120万只铝轮毂一期项目等多家大型项目,预计2012年白云铝基地可实现产值120亿元以上,从而实现振兴之路。

附件3:

德国鲁尔工业区发展简介

鲁尔工业区是德国,也是世界最重要的工业区之一。它位于德国西部、莱茵河下游支流鲁尔河与利珀河之间的地区,在北莱茵—威斯特法伦州境内;通常将鲁尔煤管区规划协会所管辖的地区,作为鲁尔区的地域,其面积4593平方千米,占全国面积的1.3%。区内人口和城市密集,人口达570万,占全国人口的9%,核心地区人口密度超过每平方千米2700人;区内5万人口以上的城市24个,其中埃森、多特蒙德和杜伊斯堡人口均超过50万。

一、地理位置

鲁尔区的地理位置十分优越。自古就为东西欧往来的"圣路"地带,也是北欧通向中欧、南欧的捷径,地处欧洲的交通路口。在近代资本主义发展中,又位于欧洲经济最发达的"金三角"内,西距共同体成员国法、荷、比、卢的工业区很近,北距共同体成员国丹麦以及瑞典南部工业区不远,东北、南面又邻近本国下萨克森的经济重心区汉诺威—沃尔夫斯堡—扎耳茨吉待三角工业区和北莱茵—威斯特法伦州的莱茵河下游以科隆—杜塞尔多夫为中心的工业区。便于工业区间以及与欧洲共同体成员国间的贸易往来。

二、煤炭资源

鲁尔区有着丰富的煤炭资源。煤炭地质储量为2190亿吨,占全国总储量的3/4,其中经济可采储量约220亿吨,占全国90%。鲁尔区的煤炭煤质好,煤种全,品位高,为优质硬煤田,露天煤矿丰富,可炼优质焦炭的肥煤占储量的3/5,煤炭所含的灰分(为3%~18%)和硫分(为0.5%~1.5%)都低,发热量高,其中肥煤的发热量高达8600大卡/千克。

三、交通运输

莱茵河纵贯全区南北,莱茵河口上7000吨级海轮和8000吨的船队可直抵杜伊斯堡港。从杜伊斯堡港到荷兰边界的莱茵河段,鲁尔区年均运输量达1亿吨,还可通过河口的鹿特丹港与世界各地进行贸易往来。区内有沟通莱茵河、鲁尔河、利珀河和埃姆斯河的4条运河网,总长达425千米(包括通往埃姆斯河下游河段),鲁尔区有大小河港74个,这里的河道与港口均已标准化,可通行1350吨的欧洲标准货轮的航运。同时,鲁尔区东部可利用多特蒙德—埃姆斯运河航运,经埃姆登港与海外运输联系。所以,虽然鲁尔区地处内陆地区,但由于它有着方便的水运条件,特别是莱茵河通海航运,使得它与沿海地区一样具有廉价运费条件。

铁路运输与河运同样发达。区内铁路密度非常大,营运里程达9850千米,占全国近1/5,

多东西走向,从巴黎通往北欧和东欧的铁路,由本区穿过,哈根是德国最大的货运编组站。公路和高速公路四通八达,是区内及其他工业区联系的纽带,从德国西部通往柏林和荷兰的高速公路均从区内通过。鲁尔区公路汽车行驶的密度为全国平均密度的一倍,达每千米55辆。

四、衰落原因

(一)生产结构单一

鲁尔工业区的工业生产集中于煤炭、钢铁、电力、机械、化工五大工业部门,其中,煤炭工业和钢铁工业是全区经济的基础,这样的生产结构中,如果某一工业部门衰落则将引起全区生产的衰落。

(二)煤炭的能源地位下降

20世纪50年代后,随着石油和天然气的广泛应用,在世界能源的消费构成中,煤炭的比重逐渐减少,技术的发展使炼钢的耗煤量逐渐降低,鲁尔区的煤炭产量也逐渐减少。能源的消费构成是指所消费的能源占能源消费总量的比重。随着社会经济和科学技术的发展,世界能源消费构成也在不断发生变化。20世纪50年代以前,煤炭在世界能源消费构成中占一半以上,60年代以后,煤炭所占比重下降,石油、天然气所占比重迅速上升并成为主要能源,70年代石油提价后,煤炭所占比重略有回升,维持在30%左右,80年代以后,水电和核电所占比重上升很快。

(三)世界性的钢铁过剩

20世纪50年代以后,产钢和出口钢的国家越来越多,世界钢铁市场竞争激烈。随后,20世纪70年代的经济危机以及钢产品替代品的广泛应用,使世界钢材消耗量急剧减少。世界性的钢铁过剩,也导致了鲁尔区钢铁工业的衰落。

(四)老工业区发展趋于饱和状态

重化工业集聚带来的环境污染、用地紧张、交通拥挤等问题,迫使许多企业的经济活动纷纷向德国南部地区转移,也使鲁尔区的工业发展难以为继。

五、园区重振

20世纪60年代,鲁尔区开始进行调整工业结构与布局,发展第三产业和优化生态环境等方面的综合整治。

鲁尔区的变革经历了一个曲折而漫长的过程,其转型大致分为3个阶段。

第一阶段为20世纪60年代。采取的主要措施有:制订调整产业结构的指导方案,通过提供优惠政策和财政补贴对传统产业进行清理改造,并投入大量资金来改善当地的交通基础设施、兴建和扩建高校和科研机构、集中整治土地,为下一步的发展奠定基础。

第二阶段为70年代。在继续加大第一阶段改善基础设施和矿冶工业现代化的同时,重点通过提供经济和技术方面的援助,逐步在当地发展新兴产业,以掌握结构调整的主动权。

第三阶段为80年代至今。德国联邦和各级地方政府充分发挥鲁尔区内不同地区的区域优势,形成各具特色的优势行业,实现产业结构的多样化。

经过综合整治,鲁尔区经济结构趋于协调,工业布局趋于合理,经济由衰落转向繁荣,改变了重工业区环境污染严重的局面,成为环境优美地区。鲁尔工业区的振兴计划为全世界的旧工业区改造提供了范本。它的策略不是废旧立新,而是旧物再利用。通过改变原有建筑、设施及场地的功能,既再现了工业区的历史,又为人们提供了文化、娱乐生活的园地。整个鲁尔工业区已变成了一个博物馆和休闲区。经过多年的不断调整与改造,鲁尔区早已不再是一个衰落的工业区,而恰恰相反,正保持继续发展的势头,取得了举世瞩目的成绩,也是资源型城市成功改造转型的经典案例。

附件4：

白云铝工业基地发展条件及其对环境影响调查安全责任书

家长、学生朋友：

你好！地理课程明确提出了以"立德树人"作为初中教育的核心,同时也确定了地理核心素养,其中"地理实践力"是地理核心素养之一,要求学生在地理学习中要落实地理实践力的培养,校外调查、考查等是落实"地理实践力"的重要途径和方法。为了能够高效、顺利、安全地完成和落实新课程标准的要求,把"立德树人"的任务落实到实处,决定把学生带到白云区进行实地调查。

此次参与调查活动的学生为自愿报名参加,凡报名参加者均视为具有完全民事行为能力或具有不完全民事行为能力人的监护,如果在调查活动中发生身体伤害等后果,带队教师、同行者和学校不承担赔偿责任,由受损人依据法律法规和本责任书声明依法解决,凡是报名者均视为接受本责任书声明。

安全要求：1. 小组组员必须随时一起行动,有组员要上厕所等,其他组员要等待同行;2. 过马路必须走人行横道、地下通道或天桥,看清交通信号灯;3. 遵守当地的管理和尊重当地的地方习俗;4. 遇到任何事情,及时向老师报告。

我自愿报名参加_____年___月___日由_____地理组教师组织的"白云铝工业基地发展条件及其对环境影响的调查研究"户外活动。我了解本次活动可能发生不可确定的意外和危险性,在整个活动期间,我将对自己、家人的安全负责。我保证本次活动中遵守团队纪律,牢记安全规定,服从团队安排,不做任何违纪违法的行为。

本责任书声明目的是为活动发起人组织和同行者再次明确校外调查活动的风险,提高自律能力和抗风险能力,免除一些不必要的后果,让校外调查活动更安全、更快乐,能够让学生在校外调查中学习知识,同时能够感受到学习的乐趣。

本责任书经签字后自动生效。

学生签字：　　　　　　　　　　　　　家长签字：

附件5：

白云铝工业基地发展对环境影响的调查问卷

您好：我们是_____学校的学生,我们正在做一个关于白云铝工业基地发展对环境影响的调查,您的回答是我们重要的参考依据,希望您能够耽误几分钟宝贵的时间回答我们的问题,对此表示由衷的感谢！

白云铝工业基地简介

贵阳市白云铝及铝加工基地地处贵阳市白云片区东北部,规划面积为282.8公顷,在贵阳市"三环十六放射"骨架路网中占有十分优越的交通区位:以基地主干道云环路为主轴,北邻环城高速公路,与沙文生态科技基地相连;东邻210国道、贵遵高速公路,与新天片区、龙洞堡片区、二戈寨片区相连;向南可通过金苏大道、210国道与白云片区、金阳新区、小河片区、花溪片区以及孟关装备制造基地相连;西接白云片区东部居住组团。

贵阳市白云铝及铝加工基地是2009年9月贵阳市人民政府明确提出设立的二类特色工业园区,由白云区政府负责开发建设。基地将依托中国铝业贵州分公司、贵州铝厂等龙头企业的优势,延伸铝加工产业链条,吸纳铝加工上、下游企业入驻基地,形成产业集群,打造中国西部铝加工之都。

基地规划由贵阳市城市规划设计研究院精心制作,以中铝贵州企业为依托,以高新技术产业为核心,以铝及铝加工产业为重点,就地直接利用中铝贵州分公司生产的符合标准的合金铝水(液)进行铸造生产,规模发展高端铝及铝合金锭坯、新型高强度铸造铝合金材料、汽车轮毂等产业,逐步形成低成本、高效化、短流程、绿色环保的循环产业链。

基地投资主要突出铝业特色,重点吸纳铝业深精度加工、铝业研发、工业物流、机械制造加工企业入驻基地,形成产业集群,培育完善商贸流通业、房地产业及社会性服务业。

基本信息	性别:□男　□女　　　　您目前居住在:_____ 您的年龄:□18岁以下　□18~30岁　□30~40岁　□40~60岁　□60岁以上 您的职业:□公务员　□事业单位职工　□国有企业员工　□外资企业员工　□个体工商户　□学生 　　　　　□军人　□离退休　□农民　□其他 您的学历:□高中或以下　□大专或本科　□硕士及以上

1.您是否了解白云铝及铝加工基地总体发展规划?
□十分熟悉　□有一些了解　□不甚了解　□仅听说过　□不知道

2.对白云铝及铝加工基地所在区域的环境现状是否满意?
□满意　　□无所谓　　□难以接受

3.目前白云铝及铝加工基地的环境现状是否影响您的现状生活?
□影响　　□不影响　　□说不清

4.您认为白云铝及铝加工基地是否会改善您的生活质量?
□会　□不会　□说不清

5.哪种噪声对您日常的工作、学习和生活影响最大?
□道路交通噪声　□工业噪声　□建筑施工噪声　□商业噪声　□其他_____

6.您对白云铝及铝加工基地可能产生的环境问题最关心的是?
□环境空气质量下降　□水环境质量下降　□生产、交通噪声影响　□环境卫生条件变差　□绿地面积不足
□其他:_____

7.您希望采用何种措施减轻交通噪声的影响?
□绿化　　□声屏障　　□调整交通干线布局

8.您了解白云铝及铝加工基地的环境影响评价吗?
□十分熟悉　□有一些了解　□不甚了解　□仅听说过　□不知道

9.您是通过什么途径了解基地环境影响评价的?(上题不知道者可不作答)
□政府公文　□新闻媒体　□专业书籍　□互联网　□亲友/同事　□宣传普及活动　□其他_____

续表

10.您认为开展白云铝及铝加工基地环境影响评价,可以: □减轻规划实施的环境影响;□针对具体环境问题调整规划方案;□全面协调经济发展和环境保护;□提高公众的环境意识;□促进信息畅通、保障公众参与;□不会起到什么作用;□不知道;□其他_____
11.通过参与白云铝及铝加工基地环境影响评价,您希望: □反映现实存在的突出环境问题; □与政府有关部门协商,就今后污染治理达成一致意见; □参与民主监督,及时向政府相关部门反映新出现的环境问题; □促进信息交流,提高政府制定规划的透明度;□其他_____
12.如果您对周围的环境状况有意见,您会通过什么渠道反映或采取什么态度? □直接向产生噪声污染的人或单位提意见;□通过电话或信件向政府投诉;□向媒体反映,引起舆论监督;□通过绿色组织反映;□向居委会或街道办事处反映;□向亲戚朋友说,请他们想办法;□说也没用,不会向上反映;□没有考虑过
13.关于白云铝及铝加工基地的建设,您持何种态度? □支持　　□反对　　□无所谓　　反对理由:_____
14.您对白云铝及铝加工基地的环境管理有何建议? _____ _____

参考资料

奥苏贝尔,1994.教育心理学——认知的观点[M]//余南星、宋钧等译.北京:人民出版社.
蔡萌,2006.从有意义学习理论谈多媒体辅助教学课《黄河》[J].地理教育(6):18-19.
陈澄,2001.地理典型课示例[M].上海:华东师范大学出版社.
陈澄,2001.地理教学论与地理教学改革[M].上海:华东师范大学出版社.
陈澄,2001.地理教育测量与评价[M].上海:华东师范大学出版社.
陈琦,2007.刘儒德.当代教育心理学[M].北京:北京师范大学出版社.
黄莉敏,2008.基于地理知识分类的具体教学策略[J].科教文汇(11):167-168.
课程教材研究所,2013.义务教育教科书教师教学用书-地理[S].北京:人民教育出版社.
李家清,陈实,2012.中学地理课程标准与教材分析[M].北京:科学出版社,2012.
骆俞锟,2011.有意义接受学习理论在地理教学中的应用研究——以高中区域地理教学为例[D].武汉:华中师范大学.
孙鹏,2018.中小学智慧教学评价指标体系构建的研究[D].长春:东北师范大学.
夏志芳,2009.地理课堂教学行为研究及案例[M].南昌:江西教育出版社.
肖川,2012.义务教育地理课程标准(2011版)解读[M].武汉:湖北教育出版社.
袁孝亭,2009.准确理解地理综合思维目标中的"过程"与"方法"[J].地理教育(1):4-5.
袁振国,2005.当代教育学[M].北京:教育科学出版社.
张奇,1999.学习理论[M].武汉:湖北教育出版社.
中华人民共和国教育部,2011.义务教育地理课程标准[S].北京:人民教育出版社.
钟启泉,夏志芳,2003.地理课程与教学论[M].杭州:浙江教育出版社.
Iraklis Paraskakis,2003.TeloDe:Towards creating an intelligent computer algebra system[J].Software World,34(4):24-25.
Joyce B,Wall M. Models of teaching E. stewood,NJ:prentice-Hall.1986:81-82.
Lawton,Joseph T,1977.The use of advance organizer in the learning and retention of logical operations and social studies concepts[J].American Education Research Journal(2):14.
Relan,Anju.Effectiveness of a visual comparative advance organize:Research in Science&Technological Education.1991.
Tribe Diana,Tribe A J,1987.Law teach:An interactive method for effective large group teaching.Studies in Higher Education,12(3):19-20.